寫給善良的你

作者——吳凱莉

Chapter 1

你準備好去愛了？

Chapter 4

那些劈腿的人教我的事

Chapter 5

閨蜜和你想的不一樣

推薦序

帶著民主素養，去談一場有尊嚴的戀愛吧

談戀愛可以練習民主素養。民主素養是談一場有尊嚴的戀愛的必要條件。戀愛是一件更便於練習民主的事情，因為戀愛更自由。你無法隨意移民，但在戀愛中，你隨時可以「放生」對方。隨時記得「放生」，這是一種戀愛中的務實。

作者凱莉是個極為務實、「三位一體」的上班族×妻子×媽媽。她是我之前在網路媒體任職時的同事，每天五點，她一定準時下班，因為要去接國小放學的女兒——這是她在接下這份工作時就與老闆約定好的事情。但不代表她的工作比較輕鬆，而是她必須配合女兒的成長去調整自己的作息，在下午五點前完成當天的KPI。電視台記者出身的凱莉，性子有點急、看起來什麼都不怕，在工作上永遠是同樣的態度：有問題，那就想辦法解決啊！

但是，人生總有無法解決的問題。也許是因為她以過來人的身分，聽過太多身邊的年輕女孩折騰半天卻仍然爛尾的戀愛故事，所以才會建議這些善良的女孩們，把「放生」當成一種務實的最終解決方案。

在討論這本書的核心概念「放生」之前，得先從作者凱莉在第一章強調

的「認識自己」開始，就像人生的其他選擇一樣，你如果不能認識自己，就無法知道這段感情是否適合你，更不知道何時該「放生」。認識自己是談戀愛的最基本功，在不認識自己之前，迎合別人的興趣去「討愛」，終有一天會破功。有完整的自己，才能有完整的愛情。

談戀愛終究是兩人的事，在雙方都「認識自己」後，就要檢視兩人的相處方式。第二章乍看之下是寫給女性看的男性攻略，但其中羅列的指標，其實都是在檢驗雙方關係的「民主化程度」，例如是否願意主動溝通、傾聽對方，以及對隱私權的尊重。越民主的關係，越容易走得更久。

第三章的主題是性生活，看似只是戀愛領域較火辣的特別話題，但這章的重點其實是「不要將性生活特殊化」。面對學業與職場，我們在做選擇前都會有通盤考量，談戀愛當然也是，性生活不該被排除在考量範圍之外。此外，同樣是關於民主，民主的前提是人人自主，因此在性生活中也不應存在強迫。一旦發生強迫，你該毫不猶豫速速「放生」。

但民主價值仍無法涵蓋戀愛的所有範圍。「劈腿」能成為戀愛的議題，是因為戀愛在許多人心中，還多出了諸如「永遠」、「獨占」等期待。第四章提出許多檢驗、面對、處理渣男劈腿的方法，但在採取特定策略之前，你必須清楚意識到自己是基於外在限制才採取行動，而非把這些手段當成女性理所當然須遵守的規範。建立這樣的心態後，即使無法達成目標，也能不再陷於「我都已經做成這樣了，為何他還要這樣對我」的情緒黑洞。如果這些手段都沒效，那麼「放生」永遠不嫌晚。

到了最後一章，跳開了兩人關係，來到另一個在女性愛情中頗具分量的角色：閨蜜。閨蜜介於朋友與情人之間，最重要的功能是提供陪伴與情緒出口，而這也是許多男性不懂也經常做不到的事情。情人或閨蜜提出情緒方面的需求固然合理，但如果變成了情緒勒索，無論對方是情人或閨蜜，你也都該認真考慮「放生」。

這本書並未勾勒出理想的戀愛圖像，相反的，書裡的每篇短文都是在描述一段不理想的戀愛。民主意識本就不容易，且只是理想戀愛的基本條件，而戀愛所及之處又不止於此，因此不理想的戀愛才是常態。這也是為何「放生」是凱莉在全書中屢次強調的概念。而民主從來就是攸關人類生活的尊嚴。有完整的自己，才能有完整的愛情。善良的你，跟著凱莉的守則，去談一場有尊嚴的戀愛吧。以及，在必要時刻請記得「放生」。

民主派少男 吳學展

作者序
寫給善良的你

「為什麼他要這樣對我？」「難道是我還不夠好？」「那我該怎麼做才對呢？」這三句OS，你是不是很常在心裡吶喊？越是善良的人，越常把所有的事全攬在身上、扛下不該扛的責任，甚至承擔不該承擔的情緒，尤其是在談到感情這檔事時……

在兩性世界中，往往是渣男和綠茶婊看似是贏家，善良的人卻總是被傷得遍體鱗傷，外加自己再捅自己兩刀，結果內傷吐血、眼淚不知掉幾串，卻還在檢討「我錯了」。不！這樣還有天理嗎？

因此，書裡我們談了許多兩性相處課題：從愛自己、找尋對的人、床上情事，當然還有「背叛」這件最痛苦的事，我筆下所寫的每一個階段就是如此地寫實。如同大家都說感情需要經營，但我認為「選擇」更重要！因為一輩子很長，「愛情千萬不要將就」，跟你演對手戲的另一方不能隨便挑。什麼才是適合你的人呢？當你跟他在一起時，有以下三種感覺，那就對了！

・**開心做自己**：做自己，好自在！如果你和他在一起，還是能保有自己的性格、興趣、事業等，不用因為將就而改變、不用因為委屈而求全，這種日子才能過得長久，這種心情上的自由，真的很重要。千萬別覺得改變自己，就能擁有美好的未來，這種事情絕對不成正比，不該犧牲的不要輕易放棄。

・**身心靈感覺放鬆**：人，是最敏感的動物，善良的人更容易因為對方一絲絲的不開心或生氣而全身緊繃，時不時都要擔心對方心情差，甚至還要特意哄他開心，這樣也太累了吧！身心靈都覺得放鬆時，這種舒服的相處感，才是讓這段關係繼續往前的關鍵。

・**持續有互動的關愛**：輕鬆做自己很重要，這是對獨立個體的一種相互尊重。而兩人間的情感延續，就是靠關愛的互動，伴侶不用時刻黏在身旁，但當你真的需要他時，他能無條件的伸手幫你一把，兩人都把對方放在心上，這便足矣。

最後我也特別拉出一個篇幅，來談朋友這件事，簡言之一句話：「交朋友是挑選，不是蒐集。」真心有時換絕情，但記得：朋友不是先來的人，而是看誰能走到最後，新陳代謝都很正常，就跟感情一樣，千萬別強求。

最後，這本書的初衷，就是讓善良的你能學會趨吉避凶，既然管不了別人，那我們自立自強比較實在。說白點，對你而言自私其實是一種美德，請學習拒絕的勇氣，若能拿出「你給我滾」的氣魄，那就更棒啦！還有，學會放過自己，才是愛自己的具體實踐。當然，也期盼當你一路走來看到這些文字時，能給你一種「我不孤單的溫暖」，更希望能從這些過來人的經驗中，找尋到方法、力量，讓善良的你能昂首闊步帶著微笑，創造屬於自己幸福。

Chapter *1*

你準備好去愛了？

我愛你、你愛他、他愛她，
誰不可渴望擁有一段美好的愛情？
但我們真的都懂得「愛」了嗎？

我單身，我驕傲！
前提是：
你要勇敢面對自己！

阿珮長得正、話很少，大家都說她是冰山型美人，但阿珮單身多年，每次跟同儕們聚會，大家總是說：「阿珮，你趕快交個男朋友啊！」阿珮總是說自己一個人很好，殊不知每次下班回家後，面對空蕩蕩的租屋處，驚覺自己真的很想有個人陪。

但她總是拉不下臉去認識新朋友，加上有距離感的外表，讓她覺得自己根本是「單身體質」。單身當然不是錯，其實這是一種生活選擇！只要三個觀念做好，就可以理直氣壯地說：「我單身，我驕傲！」

對自己誠實

單身者最容易出現的盲點，就是

根本不誠實面對自己，所以單身的第一步，是要學習「認識自己」！就像阿珮，她其實根本不想單身，面對外界的聲音，她卻只是自欺欺人，這種情勢的單身，是不會快樂的，如果想要談戀愛，那就去追求，給自己機會。

單身不可怕，真正可怕的是不正視自己的需求跟生活。單身的時候，最能呈現出一個人「真實的狀態」，這是跟自己對話的好時機！你到底要追求什麼？喜歡什麼？不喜歡什麼？不管你是什麼年紀，為什麼選擇單身，請趁此時機反思一下「我為何單身？」是時候未到，抑或是現階段單身，真的讓你覺得自在？因為單身的樣貌本就多元，也會塑造出未來不同的可能性。

享受單身過程

既然單身，那就痛快的享受吧！這個階段最重要的就是「情緒的整理」，你需要學會為自己的負面情緒找出口，你更需要的是整理自己的人際關係，因為在網路發達的時代，LINE、FB、微信等各種大量「社交網路」的人際網絡，很可能造成你的焦慮或不安，為什麼貼文沒人按讚？不然就是把生活大小事全都在網路上「公告周知」尋求安慰，這種思考模式，久了會造成情緒上的負擔。

人是社會性的動物，太容易被外界影響，但單身者更需要在乎的核心叫做「愛自己」，我選擇單身，也是一種愛自己的表現，面對外界的質疑或過度關心，只要讓你不舒服了，請你大聲說：「我單身，干你屁事！」自己享受單身過程，開心的過自己的單身時代！

打從心裡的自我肯定

想喝兩杯時就可以痛快去喝、想穿什麼或是不想打扮也不用在乎別人的看法、房間大亂、攤在沙發上看韓劇、吃零食……單身可以不用矜持，任性地做自己，就是一種最棒的自我肯定。

「我」這個字，當少了一撇，就成了「找」，所以找回那一撇，才能成為真正的我。單身者常自覺少了點什麼，因此不斷追求外界的肯定，但當「我」非常完整時，就可以隨心所欲地過著自己想要的生活、進行一段自我的探險歷程了，而且正因為單身，人生可以有更多的選擇，找到最舒適的應對方式，單身時代真的很棒！

女人一定要結婚嗎？過來人告訴你：愛情千萬不要將就！

Maggie是我的好閨蜜，學生時代就不乏追求者，但她始終沒有踏入婚姻，Maggie不急，但她的爸媽可是超級擔憂，甚至還要想安排對象、吃相親飯。

其實Maggie曾經談了好幾段轟轟烈烈的感情，其中最讓姊妹們稱羨的，是她遇到一個超帥的富二代，多金大方不在話下，而且個性溫柔體貼，跟Maggie也很合拍，放長假時一起出國旅遊，沒事在家下廚，天南地北什麼都能聊，大家說他們倆根本是Soulmate，都等著要收紅色炸彈，沒想到他們竟然分手了……

「這麼棒的男人，怎麼捨得分手？」面對大家的質疑，Maggie悠悠地說：「原本是想結婚的，但我去他家見過他的父母，對方堅持要我婚後就辭職，趕快生孩子，而且一定要生男的！但是我現在有自己的事業，我不想輕言放棄，生孩子不是我現階段的規畫，而且保證要生男的，這也太為難了……」

雖然男友極力說服父母，但有錢人家長輩的觀念也是根深蒂固。Maggie覺得當問題無法解決時，勢必有人退讓，老人家想要兒孫，情有可原，但自己不想生孩子更不願放棄事業也是事實，所以不如果決一點，分開吧！

Maggie表示，她不是沒有面臨家庭或來自於社會的壓力，但她很清楚一件事，因為一輩子很長，**婚姻千萬不要將就，只要有委屈，就無法長久。**

結婚？不結婚？不該屈服「社會價值觀」

很多人都笑Maggie傻，罵她身在福中不知福，但我覺得Maggie腦袋很清楚，決定踏入婚姻一途，沒有人希望離婚，但如何維持得靠智慧。

所謂的婚姻，就是「選擇在前、努力在後」。與其找一個不那麼合適的人，慢慢地去磨合，為什麼不選一個本來就適合的人？或者是踏入婚姻前，就已經看到問題，需要「委曲求全」才能得到，那為什麼要屈服於所謂的社會壓力，貿然把自己的人生，投資在一個不確定的未來？結果最後還要認賠殺出，這樣真的值得嗎？

其實，重點不是結不結婚、要不要單身？關鍵在於：你碰到什麼樣的「對手」！未婚的想走進婚姻，在牢籠裡的想逃出來。婚姻，只是人生中的一種選項，真正人生的幸福，與早結或晚結婚真的沒有多大的關係，更和結不結婚沒有因果關係，**只要遇到「對的人」，找到「最合適的相處模式」就是幸福！**

所以，當下回又面對無謂的壓力時，請展現出「我很好」的氣勢，用堅定的表現，讓外人閉嘴吧！

#**高富帥**：俗稱人生勝利組。女人看了「哈哈」、男人聽了「嘖嘖」，總之要能撈到一枚高富帥，簡直中樂透，但日子開不開心無法保證。

#**紅色炸彈**：一種不划算投資（誤）。付出去的錢以後未必撈得回來，包紅包前，請用不求回報的心態給予新人祝福。

不誠實面對自己的人，永遠得不到真愛

有句話說：「喜歡討愛的人，很難得到幸福」，通常愛討愛的女人，總是看來楚楚可憐又卑微。但有另外一種女人，看起來非常強悍、充滿自信、神采飛揚，甚至人緣也很好，但她一樣找不到真愛，甚至成了情緒勒索者。先來看看羽翎的故事……羽翎年過三十五，在事業上很成功、容易與人相處，但單身快十年了。

「唉啊，你趕快找個男朋友行不行啊？」閨蜜很幫羽翎著急。

「但我覺得現在這樣的狀態很好啊，這應該是我人生中最滿意的時候了！」羽翎說得輕巧。

「最近不是有個男生，感覺對你有意思嗎？你要不要給人一點機會嘛？主動約他吃個飯也不錯啊！」閨蜜開始出意見。

「他要是真的主動，就自己來約了啦！」羽翎很堅持……

其實羽翎根本很渴望有段戀情，但她總是「裝堅強」不肯面對，對外總說自己一個人很好，原來羽翎根本是個老公主，她想找的叫做火山孝子，但她不敢說出來，更不敢面對自己的心，於是她常陷入一種自問自答的模式：

「我一個人真的很好！」

「但為什麼別的女生都碰得到多金男？」

「我長得也不醜啊，我才不要委屈自己！」

「可是那個男生條件不錯，我還是要給人機會，對吧？」

看到羽翎的「內心戲」，你會發現她其實是個很矛盾的人，但這次，老天似乎聽到她的心聲，這位對她有興趣的男生，終於主動出擊還使出羽翎最愛的招數：送上名牌包，終於擄獲她的心。

但是羽翎個性跟外表其實差很大，男友覺得她獨立自主是新時代女性，但她總希望男人可以猜中她的想法，可是這位男友也是個事業有成的人，花在工作上的時間不算短，他原本想羽翎也是個事業成功的女性，應該可以體諒，沒想到兩人相處後發現，羽翎總是愛生氣，她氣男友陪她的時間短、送的禮物不夠高級。

羽翎選擇用冷戰來當作一種懲罰，每當男友擠出時間來去約會，卻一再看到女友的臭臉，他真的不知道自己做錯什麼。男友追問，女友只會說「你自己想想」，或是「隨便你」，她明明渴望戀愛，卻忘記了感情是很互相的事，甚至冷戰到最高點時，就在LINE寫出「分手」兩字，原本以為男人會回頭來哄她……結果，最後交往短短的二十八天，還來不及慶祝交往一個月，這段戀情便夭折了。

因為最大的問題在於羽翎單身時，她沒有誠實面對自己的渴望，想談戀愛是人之常情，都民國幾年了，幫自己營造機會有何不可？當戀情好不容易上門，男友卻發現她表裡不一，相處起來真的太辛苦，大家年紀也都不小了，要伺候假面老公主實非長久之計。

所以在愛情裡，請勇敢面對自己的弱勢，有缺點並不可恥，但懂得做市場區隔的女人最聰明，以及永遠要記得：**「請誠實面對自己的心，否則一再自欺欺人，你將永遠找不到真愛！」**

#**老公主：**老幻想自己是公主。等王子幫穿鞋、等王子送上珠寶跟城堡，從此幸福快樂，殊不知王子早已嚇到落跑。

#**火山孝子：**視金錢如糞土的人。嘘寒問暖不稀奇，把錢、禮物丟進火山揚起的耀眼光芒，只求美人一笑，比親生兒子還孝順。

當「討愛」的女人，永遠不會幸福！

在愛情裡，女孩常有許多迷思，總是想：「我做越多，代表我對他的愛越深！」「付出的人，是快樂的！」「只要他開心，什麼事我都願意做、我都願意改！」這些「以愛為名」而包裝的話語跟舉動，其實都是一種「討愛」的行為。

女人為什麼會討愛呢？最常見的就是沒安全感或是曾經受過傷，如同小清的故事，就是討愛女人的寫照。

為什麼討愛？因為誤解愛情的遊戲規則

「你要怎樣才會愛我？」小清眼眶泛淚地問。

「只要你不要一直問我問題了！」

男友很不耐煩地回答。

「一直以來我幫你打掃、洗衣、煮飯，最近你想買手機還是機械錶，我哪一次不是為了讓你開心，馬上買回來？」小清越說越委屈。

「那是你自願的，我有逼你嗎？」男友也開始發怒。

「我都做成這樣了，你還要我怎樣啊？難道我不值得被愛嗎？」小清整個情緒崩潰了……

「你總是這樣！你做了這些，就是為了來指責我？還是威脅我嗎？告訴你，老子不吃這套！難怪你之前的男友都會離開你！」男友說完甩門就走。

討愛，讓愛情陷入惡性循環

小清跟男友的模式，是典型在感情中討愛的女人，她們曾經在感情裡受過傷，因此她們更渴望被愛。人們總說：「下一個會更好！」但小清對自己沒信心、更對愛情恐懼，因為過去幾段的失敗感情，她都是被分手的一方，她希望被愛、不要再被拋棄了，因此採取了迎合另一半的上述策略，最後，她沒有了自己！

她的腦中，只剩下取悅另一半，以為這樣做就可以得到愛，但她永遠沒搞懂：**「愛情永遠不是你付出的多，就能得到的多！」「愛情更不是委屈就能求全！」**

人性就是賤，談愛時別弄一身傷

因此在這樣的惡性循環中，男人對她不會感恩，不會更愛她，反而是變得「瞧不起」！說句難聽的，人性就是賤，當面對一個揮之則來、呼之則去的另一半，與他相處到底有什麼樂趣？還有什麼吸引力呢？討愛的結果，往往只是一身傷！

最後，不管是哪一種討愛，下場就是犧牲自己、被對方看輕，而且討愛就是一種「情緒勒索」，這樣的行為不僅讓對方難受，也不會讓自己更開心。

聰明的女孩，這種吃力不討好的事，千萬別做！

#安全感：看不到，摸不著，女性特愛追求。時常被認為應是對方主動提供，因此常引爆情侶爭吵。

你是「救世主」女孩嗎？別當愛情裡的瑪利亞

一向是走乖女孩路線的琳達，是個剛出社會的OL，她工作認真，平常喜歡看電影和各種藝文展覽，在一次朋友的聚會上，她認識了當攝影師的小飛，兩人一見面就有聊不完的話，而且小飛知道琳達喜歡什麼，只要有空就一起去看影展、逛最火紅的文青展，戀情一觸即發，打得火熱，不到二個月他們就同居了……

兩人交往一直甜翻人、閃瞎朋友圈，直到邁入第六個月，最近好友發現琳達看起來有點累，總是一臉倦容，朋友虧她：「難道是白天上班，晚上也在上班嗎？」

琳達才透露，景氣不好，接案維生的小飛生意直落谷底，一直沒有

CASE上門，不然就是業主砍價兇，小飛不願降格以對，他已經在家自怨自艾好一陣子了，更吐血的是，因為男友沒收入也沒存款，從吃喝拉撒到房租、網路費、手機費等等全部的生活支出，都壓在琳達身上。她一個月薪水才三萬出頭，真的很吃力，所以琳達開始去兼家教，教小朋友念英文。

導致她上班直打哈欠，漂亮的臉蛋上露出重重的黑眼圈、就連臥蠶都成了大眼袋，但小飛每天在家不動如山，滿腦子只剩打《傳說對決》，因為就算沒錢，還有女友撐著。小飛甚至開始看女友不順眼，今天念琳達買的排骨飯都冷了，明天嫌琳達看起來變「糙老」，就連家裡小狗多叫了兩聲，他都可以抱怨半小時……

別成為愛情救世主

朋友看不下去，都苦勸她分手吧！但琳達回想著談戀愛時的甜蜜，以及覺得小飛只是一時失意，運氣不好而已，這時候男友「正需要她」，她怎麼可以在這個時候離開他、背棄他？

其實琳達把自己當成了「救世主」，但在感情的世界裡，當一個救世主女孩並不會讓對方更愛你，所以以下這三件事情，女孩們千萬謹記。

・**愛情不能活在想像裡**：說句難聽點的：「戀愛不能當飯吃！」琳達一直活在自己的想像裡，還持續沉迷在往日的蜜糖滋味中，但她沒發現，身邊的男人其實漸漸地露出本性，尤其當一個人越低潮時，越能夠看清楚他的陰暗面，但女孩覺得一切如常，這只是短暫的，當風暴過去，他就會「正常」了，殊不知這些只是想像，因為真的「回不去了」……

・**為愛情無條件奉獻最傻**：付出，不見得有回報；犧牲，不代表可以換得你想要的東西。女孩常在戀情裡無條件配合，對方愛吃什麼都好、陪他做他想做的事，最後勞心、勞力還倒貼，只為了他可以愛我！尤其面對男方的指責甚至是情緒虐待時，還像「阿信」一般默默忍耐，但這不叫愛，這是笨！最後人財兩失，卻還不知道最傻的其實是你自己。

・**人生中不是只有愛情**：談了戀愛就一頭栽進去，是很多女孩的通病，世界全部以男友打轉，他打個噴嚏馬上去泡薑茶、他一皺眉就怕他不開心，但是當你把所有生活重心都放在男人身上時，你不僅會沒了自己，殘忍地說，當男人看到身邊的女人是這副模樣，珍惜度馬上直線下滑，是你讓自己的身價暴跌，何必呢？

愛情跟投資一樣，不僅有賺有賠，甚至是場賭局，認賠殺出並不可惜，無條件犧牲不叫愛，也得不到愛。千萬別讓自己成了「愛到卡慘死」的那一個。

#**分手：**一種說掰掰的節奏。通常分主動或被動，至於伴隨的情緒也有兩種：解脫了，喔耶！以及傷心憤怒覺得幹（邊擦淚）。

#**阿信：**不是五月天的阿信，更不是One Night in 北京的那位。泛指刻苦耐勞、無怨無悔的稀有物種。

偷看男友手機三部曲！愛情裡的安全感，只有自己給得起

小乖有一種症頭，一種老是想看男友手機的症頭。我必須說這是個壞毛病，而小乖也因此付出了「被分手」的代價。

話說小乖的前男友是個長得像孔劉的暖男，大家都超級羨慕她認識這樣的男生，但小乖總是覺得外面的女人會來勾引男友，所以三不五時就趁著男友手機解鎖、人卻不在時，開始當起了鍵盤柯南找證據，雖然什麼也沒有找到，小乖卻很愛質問對方，甚至後來直接要求男友必須「交出」手機的密碼。

「為了表示我們之間沒有祕密，告訴我你的手機密碼！」小乖找了個理由開口。

「可是我每天在哪、做什麼，你都很清楚啊，而且我們每天見面，這跟我手機密碼有什麼關係？」男友其實不是很想給。

「吼，別的女生都知道男友的手機密碼，只有我不知道！」小乖繼續盧。

「好啦，手機密碼就是你的生日。」男友最後還是妥協。

小乖得到了密碼，更開始肆無忌憚地檢查，結果真的一切正常，但你以為小乖就此睡得安穩嗎？沒有！她依舊覺得男友有天會被搶走，還是神經兮兮沒事亂發脾氣，最後終於把男友弄炸了。

「你知道其實手機是隱私嗎？我都讓你隨便看了，為什麼還要疑神疑鬼？」男友說。

「誰知道你是不是聊完 LINE，馬上就刪除了。」小乖說得振振有詞。

「你有毛病嗎？沒有的事就是沒有！」男友越說越氣。

「好啊，那你臉書跟 IG 密碼也跟我說，我就相信你只愛我！」小乖又得寸進尺了。

「到底有完沒完？你到底想要我怎樣你才會滿意？我是罪犯嗎？還是你是 FBI？我真的受夠了，你去看看有沒有一個男生，會像我做成這樣？」男友徹底大爆炸。

明白三件事，放下男友手機吧

最後小乖的戀情在沒有劈腿、沒有外力的情況下，兩人分道揚鑣。其實想偷看男友手機，總歸一個原因，就是沒有安全感。但是潘朵拉的盒子打開了，又如何？在愛情世界裡，過來人要告訴你三件殘酷的真相，雖不中聽，但卻很真。

・**看完保證心情不會好：**如果你偷看，還真的看到男友跟其他女生「聊到好、玩到滿」，你不吐血嗎？你可能會問說：「是他背著我亂搞，我要是不抓，行嗎？」行！但你抓完了，他就會乖嗎？說句難聽的，會劈的就會劈，**女孩懷疑男友偷吃的標準三部曲：偷看手機、抓把柄、質問，但又能如何？過來人想說：「如果對方真的胡搞，一定會有其他地方露出蛛絲馬跡，這時候該做的，不是去吵去鬧，而是趕快叫他滾。」**談戀愛應該是開心的事，偷看手機真的是自虐行為，如果對方真的沒怎樣，難道真的就安心嗎？不會的！你會覺得是剛剛還沒看仔細，但這種行為可能激怒另一半，造成信任感崩壞，何必呢？

・**其實你根本沒資格看：**很多女孩都覺得，男友要是不心虛，為什麼不可以看？請問他為什麼要給你看？大家只是談戀愛，不是連體嬰，更沒有規定一定要什麼都共享，你是你，我是我，因為每個人都是獨立的個體，有一種東西叫「隱私權」，不管對父母、家人、朋友，這件事情都是重要的。不是什麼都讓你知道，才叫做「愛」，請不要把兩件事情混為一談。當然，一定也有女孩會說：「可是我什麼都掏心掏肺，毫無祕密讓他知道耶！」這是你自己的選擇，不能作為交換條件，愛情中太容易出現情緒勒索，這樣只會討人厭，真的！

・**你要的安全感只能靠自己：**信任，是維繫戀愛的關鍵。但女孩最容易產生一個通病，總是希望從對方的口中、對方的行為裡，來證明自己的價值，包括安全感。安全感很虛無飄渺，它是一種FU，一種非常「個人感受」的事，你不能叫別人負責！也許曾經經歷過偷吃或背叛，所以內心欠缺安全感，但那是「你的問題」，必須靠自己去解決，而解決的方式，絕不是靠監控、死纏爛打，或是逼迫對方做些什麼、說些什麼，來讓自己好過一點。

當你焦慮時，請轉移注意力，愛情絕對不會是生命的全部，其實還有很多事情可以做，讓自己變更好、變更美，更有自信了，才是解決之道。否則一直心神不寧的狀態，只會繼續吃不好、睡不著，轉頭又找伴侶吵架去，週而復始的惡性循環，超級折磨人！

最後，在準備愛之前，或是在愛的路上，請隨時提醒自己：你擁有的，不是對方，而是這段關係，你追求的安全感，其實都掌握在自己手中。

#**密碼**：一種自己設定，但伴侶也很想知道的字母數字排列或圖形組合。其中最具破解價值的當屬提款卡密碼。

#**生日**：伴侶測試你愛不愛我的重要節日。通常也是荷包失血紀念日，如果誠意不足恐遭報復，請務必提前設好 google 通知。

曾被劈腿好傷！這四堂愛情必修課一定要上

司勁劈腿了，對象竟然還是大他六歲的姊姊，芝芝簡直太受打擊了。芝芝用了假帳號，去加那位姊姊的臉書，第一件事情就是去看看對方的相簿。「拜託，她長得真的很不怎樣，都不知道司勁是看上她哪一點？」然後開始尋找男友留下的蛛絲馬跡、愛的痕跡。

但司勁就是愛得要命，為了逼芝芝放手，他故意把跟姊姊約會的過程，毫不保留的說給芝芝聽……

「我們今天去看電影，一起喝同一根吸管、她還餵我吃爆米花！」

「我們半夜去山上看夜景，摟著她的腰，感覺好幸福！」

「你可以不要纏著我了嗎？我真

的不愛你了！」

渣男的所作所為簡直讓人髮指，但芝芝不甘心，後來忍不住去跟這位姊姊攤牌，大罵對方是小三、破壞別人的感情，只是這一切都是徒勞無功，因為芝芝早已經被判出局。

接下來，她簡直過著生不如死的日子，上班就像行屍走肉，下班就開始灌酒買醉，跟朋友去KTV都只點〈你就不要想起我〉、〈給我一個理由忘記〉、〈想你的夜〉跟〈你還要我怎樣〉，邊唱邊哭然後深深吸起一口維珍妮，喔，原本芝芝是不抽菸的，只因為他懷念司勁指尖上的菸草味。

「我覺得我再也不想談戀愛了！」「我再也不相信男人了！」「我再也不要付出了！」芝芝整個人很錯亂，她明明知道渣男滾了最好，卻又覺得世界從此天崩地裂，她最害怕的是：我還能鼓起勇氣再談戀愛嗎？

從劈腿內學到的四堂課

其實戀愛受傷，是必經的過程，但你可以從被劈腿的這個經驗中，學會四堂關於愛情的必修課。

・**世界上唯一不變的事，就是「變」：**愛情，是一種關係，還是一種會流動的關係，它可能因為任何人事物，甚至只是一種感覺，就變了！「你會永遠愛我嗎？」「我永遠都會這樣對你好！」在愛情裡，「永遠」這兩個字太沉重，而且也不切實際，一旦你認清這點時，那也沒有什麼好怕的了。

・**人真的會做出很可怕的事：**大部分的人都希望自己是善良的，但很遺憾的是，有時候為了私心、為了慾望，都可能做出傷人的行為，說出傷人的話。當得知被劈腿的第一時間，可能無法相信對方會做出這種事，竟然會傷害一個如此愛他的人，但痛會讓人睜開眼，因此學會什麼叫殘酷，也是一種成長。

・**懲罰自己，是最不應該的：**做錯事的不是你，但你過分偏激、煎熬，弄到身心俱疲，其實叫做虐待自己，要想一想，當你這麼痛苦的時候，對方不僅不知道，而且還在爽爽地過日子，是不是太不划算？他出軌是他的問題，不值得傷害自己、過分作賤自己，甚至只為了換取他的憐憫，真的不值得。

・**感謝自己，當初有多堅強：**被背叛是一種錐心刺骨的心碎、被人捅了一刀彷彿死了一回，有句話叫做「給自己一點時間，一切都會過去的」，老生常談卻是至理名言，因為當你想清楚上述四個戀愛的必修課，你將會知道自己有多堅強！因為這些痛徹心扉，真的不能將你毀滅，一切終將成為養分讓你再站起來。

因為，愛情會走，也會再來，那時候的你，將多了些豁達，少了些擔憂，塑造出另一段屬於自己的美好愛情。

#**渣男：**連渣都不如的男人。他可能有性感鬍渣，說著甜如蜜的情話，但做出來的行為人神共憤，喔，其實是想去潑他糞。

#**姊姊：**資深女性的暱稱。見過大風與大浪，什麼都嚇不倒她。最大特色就是懷抱少女心，以及不愛人家亂喊她「姊」。

不懂怎麼愛自己？愛自己是一種生活態度

你愛自己嗎？儀涵說：「我不知道該怎麼愛自己。」儀涵自覺書念得普通，出了社會也沒有賺很多錢，長得更不出色，出去聯誼她就是陪襯女主角的那一位，總之就是有一種不如人的感覺。現實生活讓儀涵備受打擊，但她渴望戀愛，更希望有一種被肯定的感覺，既然現實生活找不到，儀涵決定去虛擬世界「砍掉重練」。

她用美妝相機自拍了上百張，終於找出最迷人的角度，當然要「美圖秀秀」再加工，有了美照，登入交友APP前當然還得想個好藝名。「啊，叫喵喵好了，感覺清純無害又有點性感。」儀涵滿心期待……沒想到才登錄完沒多久，系統不僅自動配對好多養眼小鮮肉，也開始有男生訊息她，想交換LINE。

儀涵開始陷入「被追」的氛圍裡，虛擬世界中的喵喵好迷人，作風大膽、說話幽默，彷彿成了人生勝利組，有男生約一夜情，她說：「請你排隊喔」、有男生劈頭就問三圍，她說：「讓你一手無法掌握」，隨便寫什麼，都引起男生的騷動。總之男生想約儀涵見面，她卻始終沒辦法面對，她並不是覺得這些男生低級，而是因為現實生活裡的她，毫無自信、說話害羞，所謂網路上的魅力跟豪放，都是演出來的。

其實這些外在的虛華，都只是安慰自己的糖衣，內在的寂寥要是沒有徹底醒悟，終究如鏡花水月一場空。

愛自己的三部曲

人，原本就不可能完美，正如同儀涵要學會的，是好好對待自己。好好對自己、愛自己不只是一種口號，而是要親自實踐的。

- **了解自己**：學習跟自己對話，找出內心最真實的想法，也許可以把自己當成一個旁觀者，用更客觀的角度來剖析自己，用心理學的說法就是要分辨出何謂「真我」、何謂「假我」，了解自己，才是一切的根源。

・**接納自己**：有句話叫做相由心生，當你每天都指責自己、覺得自己這肥那醜的沒人要，那由內而外就會散發出不討喜的感覺，但當你隨時懂得鼓勵自己、停止責備，並告訴自己「我很棒」，一切真的都將改變。

・**認同自己**：換句話說就是你更能「勇敢做自己」，面對恐懼、不安，卻能一步一步勇往直前，這很像一種打怪的概念，當一關一關的魔王都被擊退時，即使最後出現了大BOSS，因為不再恐懼，自然也能順利過關，而在這一次又一次的過程中你將茁壯，並且你知道沒辦法讓所有人愛你，但你終將吸引住同道者。

獨處也很棒，愛自己是一種生活態度

最後，學習愛自己的歷程中，要能享受「獨處」，不信可以去問問已經結婚甚至當媽媽的朋友，要是能讓她們獨自去Happy，不管是睡大頭覺、逛街或喝兩杯，保證開心到炸，所以請珍惜並享受獨處的時光，真的非常美好，要懂得安排自己的時間，有時就算放空，都是一種心靈的沉澱。

如果你還無法體會愛自己有多重要，**請想想，此生能陪伴你走到最後的，只有自己。愛自己，是一個終生必須要貫徹的生活態度。**

從消費行為來看你的「感情觀」！四大戀愛類型看過來

存了好久的錢，我超想買最近很紅的郵差包啊！結果出門逛街發現竟然大缺貨，天啊天啊，我期待好久，卻買不到該怎麼辦呢？

這時櫃姐推薦我另一款經典水桶包，最近剛出了新顏色。明明我不愛水桶包，但是為了填補我心靈的創傷，我竟然就把水桶包給買回家了！啊，才踏出店門，我就後悔了……

消費觀等於愛情觀

其實，從消費行為就可以推斷出一個人的感情觀！有這麼神奇嗎？來來來，馬上來幫大家剖析。

・衝動型消費：購買東西時，很容易被情緒影響。可能因為環境影響而消費，像是會因為店裡氣氛好，就把這種愉悅度投射到消費上；或者因為櫃哥櫃姐煽動而衝動掏錢，但回家冷靜之後，會覺得剛剛是「鬼打牆」嗎？因而懊悔不已。

這樣的你……只要氣氛對了，就很容易與對方產生感情，迷戀有才華的人。對方浪不浪漫超重要，很愛自我幻想，通常「腦內小劇場」十分發達。是屬於「瓊瑤式」戀愛的信徒，戀愛過程中崇尚打得越火熱，代表兩人的愛越濃烈。

・理智型消費：買任何東西前，絕對會去各大網站比價，甚至拿出「SWOT理論」來分析這個商品的價值。除非把這個商品研究到非常透徹，否則絕不輕易下單付錢。對了，投資報酬率也十分在乎，所以要完成買東西這個動作，可能旁邊的人已經打瞌睡了。

這樣的你……不容易動真感情，除非對方直接表白說：「我真的好喜歡你」，否則敵不動我不動。此外，不喜歡吃虧，但也不占人便宜，約會時AA制最棒。找對象容易挑三揀四，不過一旦認定，就願意和對方過著務實平穩的日子。

・主動型消費：買東西時，一進店裡必定先拿DM好好研究，也超喜歡跟店員「抬槓」，順便聊一下商品特色，透過網路口碑外加現場的人味互動，來決定要不要購買。但下手不龜毛，買或不買會當機立斷，算是個爽快的客人。

這樣的你……喜歡跟另一半互動，天南地北聊什麼都很開心，但超怕約會冷場，所以特別喜歡主動的人。也習慣當意見領袖，出去約會遊玩，一定會把功課做得很詳細，另一半只需要跟著吃吃喝喝就好。萬一要分手也相當乾脆，大家好聚好散，最好還能當朋友。

・被動型消費：除非必要的購物，否則不輕易出手。逛街時最討厭店員來搭訕，自己安靜選購比較自在，而且對於最流行的廣告商品或是時髦小物也不輕易被迷惑，會憑著自己的經驗來挑選合適自己的衣服或用品。

這樣的你……走內斂路線的，情緒波動不大，要是另一半個性太急，很容易被氣死。喜歡固定的戀愛模式，通常在一起的對象都差不多類型，不愛冒險、講話直接，有問題就直接溝通，不喜歡太搞笑的對象。

觀察消費行為，來找另一半吧！

這就是所謂的「從小窺大」，下次想要觀察對方是不是跟你頻率對的人，不妨從他的消費行為觀察起。啊，我個人就是衝動型消費的人，那我決定要找主動型消費的另一半，這樣是不是就很MATCH呢？大家也可以從自己的購物行為，找到改進空間，讓戀情更順利啦！

Chapter
2

誰才是 Mr.Right?
男人其實這麼想

很多女孩都在尋尋覓覓 Mr. Right，
是要帥氣？要溫柔？還是要很有錢？
到底什麼才是所謂的 Mr. Right？

叫你起床，撐傘搭肩！女孩想問：他到底喜不喜歡我？

「他到底是不是喜歡我？」最近心心臉上的笑容明顯比以往多很多，但她卻時不時出現一抹憂愁。原來有位學長跟心心走得很近，每天「賴來賴去」就像家常便飯，就連學長出國旅遊時，都會不斷上線跟心心報告自己正在哪玩？即時連線傳送照片。

但心心卻非常擔心，「如果一切都是我自作多情，那不就丟人了嗎？」到底該怎麼分辨這男人是不是對我有意思？來來來，從這五點分析判斷，你就會知道答案了！

他可能喜歡你的五大表現

・**每天聊天熱線不停歇：**對一般的

男性來說，一直聊 LINE 或者是熱線不斷，除非他本人非常愛說話、喜歡溝通，不然男生通常都不是挺愛聊天，所以一旦他們找了任何事情跟女生聊天、分享，像是「早餐吃了沒？」「今天蔡阿嘎的影片超好笑」就連好閨蜜都不會談每天的生活瑣事……這就叫做「發動攻擊」！

- **叫你起床：**明明手機就可以設鬧鐘而且超方便，但他總是在今天結束對話前說：「明天我叫你起床！」如果你也接受，代表雙方互有好感。叫起床，這是男生追女孩子的必殺技，這種行為貼心又帶點曖昧，說明這男生採取「走心路線」希望搶攻芳心，接下來就能好好照顧你。
- **對你特別的不一樣：**平常走酷酷路線，碰到你一秒變暖男，或如同韓劇《舉重妖精金福珠》裡，雖然女主角福珠暗戀的是醫生，但男主角俊亨從開始的捉弄，到後來一直陪在她身邊出主意、陪她走過心情低潮，還一路支持她的舉重之路，這擺明就是對她的態度很不一樣，這不是喜歡？什麼才叫喜歡？
- **想辦法製造機會見面：**線上虛擬交流當然不夠，這只是基本盤。想要能更進一步雙方的關係，當然就是面對面！不管是走工具人的接送或修理東西路線，還是「走，帶你去一個有趣的地方」「你心情不好嗎？我帶你去吃大餐」的陪伴路線，總之先見面先贏，有見面好商量。

· **不小心出現的肢體動作：**喜歡你，就想靠近你！當下雨並肩而行，兩人撐一把傘時，美其名是怕你淋濕一手搭著你的肩，實則是要藉此親近；還有一起去看電影吃爆米花時，男人貼心地餵你吃，或者用餐完幫你擦擦嘴，以及走在街頭、被狂風一吹亂了頭髮，他伸手幫你整理髮梢，這些看似不經意的小動作，都說明了他的心意。

其實，歸納以上五點，只要感覺到這男人有「用心」＋「願意在你身上花時間」，甚至花錢買禮物討歡心，這就代表對方喜歡你是八九不離十了。

但是貼心提醒女孩們，這年頭「火山孝子」已經很少了，想要男人「追你很久」或者你只是想「一直享受被關心」的滋味，基本上這些都太不符合男性觀念的經濟效益，因此要是你也喜歡他，過多的矜持或故作姿態大可不必，畢竟談戀愛是非常美好的事情，就好好地享受吧！

如何判斷這男人對不對？先吵一場架吧！

聖誕氣氛越來越濃，小雨約了剛交往二個月的男友 Jeff 去信義區逛街拍照，美麗的聖誕樹、繽紛的燈飾，都讓小雨開心極了，當夕陽西下，小雨覺得這個時候跟 Jeff 拍合照真是超浪漫，沒想到男友的臉色開始垮了下來……

「找路人幫我們拍合照，才可以把整棵聖誕樹拍起來啊！」小雨開心地說。

「我不要！」Jeff 的回答簡短有力。

「可是這棵樹真的很特別，我們一起拍嘛……」小雨繼續拜託。

「我就說不要！我不喜歡閃光燈閃到眼睛啦！」男友開始不耐煩了。

小雨心想算了，那就打道回府吧，只不過一路上兩人都沒怎麼說話，她想著，明天兩人還要去山上採草莓，氣氛應該會好一點吧。

沒想到隔天 Jeff 依舊老大不爽，到了採草莓的地方還是悶不吭聲跟擺臭臉，小雨試圖化解尷尬卻都無效，最後她也火大了……

「既然你不開心，幹嘛還要出來玩啊？」小雨質問道。

「好啊，那我們就回去啊！」說完這句話，Jeff 轉身走去停車場。

「要回去你回去，我想在這！」小雨不甘心難得出遊卻馬上要走了。

接著小雨轉身走向草莓園，但她的速度根本是慢動作，心想男友總是會回來拉著她吧？沒想到 Jeff 真的走了，但小雨默默想，說不定等一下他就回頭，不然總該 LINE 她一下吧……時間滴答滴答地走，過了兩個小時，小雨中途還不時回停車場看一下，卻依舊連個影子都沒有，傳訊息給男友也已讀不回，這時小雨才真的發現「她被男友丟包了……」而且還在山裡被丟包，最後只好叫了計程車，帶著一肚子怒火下山。

沒有責任感

丟包本身就是個很傷人的舉動，尤其還是在山裡，這代表這位男友只在乎自己的情緒，而沒有看一下周遭環境。就算再火大，你可以不用哄女友，想吵架、冷戰都沒關係，但是這樣的丟包行為，只證明這個男人沒肩膀、沒責任感。對了，還有他情緒控管顯然有問題，當他在火頭上、老子不爽時，誰也不管了！

其實他沒有這麼在乎你

女孩常以男友為重，深怕對方不開心，為了維持氣氛和諧，願意放低身段討好，有句話叫做：「認真的，就輸了！」顯然在小雨跟男友吵架的過程中，小雨相當認真，還上演了很多腦內小劇場，殊不知男友如此瀟灑帥氣，因為「他沒有你想像中，這麼在乎你」！

最後小雨雖然跟男友和好，卻又因為別的事情鬧彆扭、大吵一架，結果男友又在大馬路邊甩頭就走，甚至還把小雨的安全帽丟在路邊，此時小雨終於明白，吵架時最能看出一個人的本性，這樣的男人，放生才能保平安！

#冷戰：一場屬於空氣的戰役。敵不動，我不動，空氣中瀰漫煙硝味，這時是靠眼神殺人，誰先低頭誰先輸。

為什麼男人「已讀不回」？四種心態大剖析

網路發達，通訊軟體聯絡方式成了大眾的習慣，但使用通訊軟體的後遺症就是：「女人很容易被逼瘋，上演內心小劇場」。尤其當你的男伴「已讀不回」時，滿腔的怒火外加腦內一直在問為什麼？請先冷靜，我用理性的角度幫你剖析，男人已讀不回的四種狀況。

他真的在忙或忘記回

「寶貝，你傳 LINE 來的時候，我正在開會。」其實男人跟女人在判斷事情的優先順序時，真的不太一樣。當男人正在工作或是在忙時，很難優先處理你的訊息，只要不是火燒厝等級的急事，男人已讀之後，多半會先把手上的事情做完。但大部分的女人都會優先處理男友的訊息，所以當被已讀不回時，難免火都上來了。

「我有看到，但忘記回了！」另外，當女人每次聽到男友說這句話時，第一時間總以為「吼，你又在騙我！」其實，很多時候是他真的忘記了，可能在忙，或是在騎車……當下看完想說有空再回吧，抱歉喔，轉個頭他就忘記了，其實真的不是故意的啦。

已讀等於朕知道了

女人發訊息，總希望能快點得到回應，殊不知對很多男人來講，已讀就是「閱」的意思，白話文就是「好，我已讀，代表我知道了！」只可惜這對於女人來說，又是上演內心戲的時刻，「是我傳的東西，讓他生氣了？」「為什麼不回我？難道旁邊有狐狸精嗎？」這種腦內小劇場女人們應該都不陌生。

不知道要回你什麼

「週末你想去哪玩？淡水還是台中一日遊呢？」當女人丟出選擇題時，你以為對方會很好回答，錯，可能他根本不想選！所以當他不知道該怎麼回答時，就會出現已讀不回的狀況。或者，他覺得你在胡鬧時，例如女人問：「說！我跟你媽同時掉到水裡，你會先救誰？」男人會覺得此時閉嘴最安全，倒不如保持緘默，先已讀不回保平安。

他就是故意不回

假如你們的關係最近不太妙，這時候的已讀不回就是男人的一種表態！任憑你怎麼寫，不回就是不回，男人只希望「你可以不要再煩了嗎？」如果你再繼續下去，就會從已讀不回，變成不讀不回了。

喔，若是這男人目前和你只是處於曖昧階段，他的已讀不回就表示「其實他對你沒興趣」或「他根本沒有很喜歡你」那姊妹們，這時也不用浪費時間多打字了，趁早放生，找一個會秒回，不會讓你等到下輩子輪迴的人，下一個男人一定會更好！

#曖昧：最美的時光。有幻想、期待最幸福，因為真相太殘忍，曖昧的賞味期限通常很短，請好好享受，因為有些事一旦錯過就不再。

好男人的三大要件！別挑「假性失聰」的另一半

很多女孩都在尋尋覓覓 Mr. Right，到底什麼才是所謂的 Mr. Right？是有錢的？帥氣的？還是溫柔的？以大家熟悉演藝圈為例，許多人都常把艾力克斯跟李詠嫻的婚姻拿來當美談，兩人結婚多年卻還甜蜜又閃光。我得說艾力克斯真是一個有大智慧的男人啊！

艾力克斯接受訪問時提到，所謂的幸福都是需要努力的！他也分享一個故事，前陣子太太跟他說晚上要去哪裡吃飯，他不解怎麼不早點說？對方的回應是：「我早就 LINE 你了，你回去翻。」而李詠嫻也會發生同樣的情況，艾力克斯很有警覺心，他說：「我發現我們經常沒有聽到彼此說話，如果連你這麼愛的人在說話時，你都沒在聽，這就嚴重了！」

他更談到當初兩人交往，並不受到雙方家長的認同，但他們花了很多時間證明自己找到對的人，而且很少有一開始就成為彼此的心靈伴侶，一定是透過很多嘗試跟磨合：「找到後，無論之後遇到什麼問題，就是要繼續一起走下去！」

換句話說，想要維繫一段感情，絕對不是靠所謂的「心有靈犀、佳偶天成」，都是需要雙方努力的，透過艾力克斯的故事，也可以給女孩們當成一個很棒的範本，記得未來找男人，一定要符合以下三大原則！

有耳朵的男人

相信我，太多男人的耳朵都是裝飾品，不管身邊的女人說什麼，他都是有聽沒有進，因為他可能在忙工作、忙打電動、忙東忙西……就是沒有「用心在聽」你說什麼！

但兩人相處，如果連對方說話都不聽，更別說什麼心靈交流了，因此當你碰到這類型的男人時，過來人要告訴你：「快放生」，因為這種男人失聰的狀況只會越來越嚴重。女人是需要傾聽的動物，即使這男人不高、不富、不帥，但他願意花時間聽你想說什麼，立馬大加分！

願意解決問題的男人

兩個如此不同的個體，想要長久走在一起，靠的絕對不叫緣分！不爽、衝突、爭吵……這些都是磨合的必然過程。但有些男人碰到問題，就龜縮或者一味地就先認定都是對方的錯，這種消極的態度都不是維持兩人關係的做法。

因此當兩人發生不悅、意見分歧或是行為差異時，願意心平氣和好好坐下來談，進而解決問題的男人，真的很值得珍惜，因為兩性關係中，固執己見的人絕對比想像中的多很多，但他願意解決，便代表他有繼續走下去的誠意，相較於所謂的愛你到永遠，不如說這是一段披荊斬棘的修煉之路，有實際行動遠比嘴砲重要一百倍啊！

願意跟你同一國的男人

女人是感性的動物，男人是理性的動物。女人容易有很多「感覺」，但有很多的男人總覺得這些都是在耍小性子、不成熟、愛鬧……其實這種時候，女人要的不過就是一種「銅鋰鋅」，不需要男人真的做什麼，只需要他願意認同女人的感覺就足夠了。

以及兩人要往未來邁進，沿路上難免出現反對的聲音或是人的阻礙，這時候男人是否願意跟女伴站在同一邊，甚至是永遠幫她發聲反抗，這更是關鍵，不然你以為「豬隊友」這名詞是哪來的？都是過來人的血淚談啊！

有句話說：「婚前腦子進的水，都是婚後流的眼淚！」不想夜夜垂淚到天明，婚前睜大眼，選對郎，一切都來得及。

#**閃光**：墨鏡和可魯的好朋友。但放閃光太超過，就是沒有公德心的行為，容易遭人唾棄，釋放能量時請格外留意！

#**心靈伴侶**：雙修神通大法的人。不用吭聲，就知道對方要放什麼屁，一個眼神就 Get 到對方想吃消夜，於是自動自發，滾出門買。

什麼是「旅行的意義」？認識你的男人，就從旅行開始吧！

陳綺貞有首歌叫〈旅行的意義〉，歌詞是這樣的：你看過了許多美景，你看過了許多美女，你迷失在地圖上每一道短暫的光陰。你品嘗了夜的巴黎，你踏過下雪的北京，你熟記書本裡每一句你最愛的真理……

到底什麼是旅行的意義？我會說這是女孩們「認清」男伴的好機會，陌生的國度，身邊只有這個人相依，尤其是一起自助旅行，可以觀察到許多細微、平常看不到的另一面。

旅行的考驗，注意三件事！

・行前的角力戰：自助旅行一切全靠自己安排，規畫行程就是考驗兩個人的開始！因為難免會碰到彼此各有堅持的時候，男人要去看景點、女人想要吃美食，這時該怎麼辦？如果能彼此各退一步，互相協調出最符合共同度假利益的行程，代表他是個能「有商有量」的人。如果他還一手包辦所有細節，處處在乎你的願望，代表你在他心目中很有分量。但最令人生氣的是，很多男人嘴巴說：「都好，你開心就好」但一出國馬上意見超多，每走一個景點、就連吃頓飯都「毛很多」，我身邊真的發生過，有女伴當場被氣到要分手，自己轉頭拎行李回台灣，非常帥氣！

・**上演迷路奇航紀**：迷路是旅行裡最容易發生的事，你可以把它當成旅行的樂趣跟刺激，但對某些人來說，這可是令人抓狂的狀況劇。出國迷路，正是觀察這個男人的危機處理，以及脾氣好不好的絕佳時機，因為很多時候男人的好脾氣可以「用裝的」，碰到危機時，不見得比女生還鎮靜。我曾聽過女閨蜜講，她跟男友在戴高樂機場大迷航，兩人英文不好、法文更是不通，但是男友愛面子，硬說自己超有方向感，就看著指標亂亂轉，眼看著登機時間快要到了，女友說：「我去問路啦！」結果語言不通，問不出個所以然。最後女友覺得男友很孬、男友覺得女友很蠢……

．**異地拍寫真集：**對女孩們來說，出國拍照可是最重要的小事，風景有沒有拍到重點、有沒有把自己拍得很瘦腿又長、還有表情自不自然……所有願望都要在一張照片裡滿足，除非男友是「神人級攝手」所以不拍個八張也得拍五張，這個時候，就是考驗男友的耐性啦！我實在聽過太多情侶因為出國拍照大吵架的故事，如果你的男伴展現出高耐性，不僅盡力滿足你的要求，而且沒有半句怨言，甚至我聽過有男友在出國前，還會上網先研究「網美拍照 Tips」，恭喜這位女孩，你真是撿到寶了。

這男人到底是不是 Mr. Right ？跟他一起去旅行吧

日語裡有個詞叫「成田分手」，典故是在九〇年代後期，很多旅行後的新婚夫妻或情侶，直接在日本成田機場分道揚鑣了，「成田分手」由此而來。甚至有一部日劇叫《成田離婚》就是描述日本閃離夫婦的生活。由此可見旅行對男女交往來說真的超重要。

最後，分享錢鍾書在經典作品《圍城》寫的一段話，記得趁著假期來臨，先去旅行吧！

「結婚以後的蜜月旅行是次序顛倒的，應該先共同旅行一個月，一個月舟車僕僕以後，雙方還沒有彼此看破，彼此厭惡，還沒有吵嘴翻臉，還要維持原來的婚約，這種夫婦保證不會離婚。」

#**蜜月旅行**：最容易鬧出人命的旅行。目的地常為歐洲或海島，很有可能是婚姻中最開心的時段。貼心小叮嚀：蜜月旅行去不好，終生被念受不了。

男友從熱情如火變冰塊！怎麼現在連打個電話都懶？

宇舒最近心情超不美麗，就算跟姊妹淘聚會也總是垮著臉，姊妹笑問是不是跟男朋友小凱吵架啦？宇舒幽幽地說：「我懷疑他劈腿了！」天啊，這可不是件小事，一群女孩們開始嘰嘰喳喳，幫閨蜜當起柯南……大夥歸納出五大罪證，一致覺得小凱可能真的跑去拈花惹草了。

最容易被懷疑劈腿的五個端倪

・**電話變少了：**以前一天可以打好幾通電話，現在一週可以一通都不打，還有以前會報備行程，現在連他跟誰出去都搞不清楚。

・**LINE已讀不回：**時常已讀不回或者是隔天才回，回答也只有一個字，「嗯、喔、好」之類的，連按個貼圖都很懶。

・**甜言蜜語消失：**以前什麼「我愛你」「寶貝好想你」都掛嘴邊，照三餐的噓寒問暖。而現在小凱的嘴就像被封條封印住，悶不吭聲。

・**出手變小氣：**追求的時候鮮花、小禮物不斷，但最近連交往週年紀念日小凱都不記得了。

・**女友說話，開始沒耐性：**以前約會女友講什麼都會眼睛盯著對方還不斷點頭稱是，現在只會低頭滑手機，問他有沒有想法，永遠都說沒意見。

這些狀況，你是不是也覺得挺熟悉的？難不成我們大家都被劈了嗎？其實這是大部分戀愛過程中的必然。你會有這樣的懷疑，是因為你還不了解男人的心態。這是何解呢？簡單說，就是男女思考模式大不同罷了。

男人是聚焦思考

當男人立下目標，要追一個女人的時候，他腦袋就是呈現「單點進攻」，快將這女人把到手就是當務之急，因此甜言蜜語、禮物攻勢，還有電話加網路聊天都是他的武器，一旦得手，任務結束。

但對女人來說，就會出現心理落差，怎麼交往前後差這麼大？他突然從熱情如火變成冰塊？女生產生一種「坐冷宮」的FU，電話不打、不報備、連關心好像都沒了……其實，很多時候男人有這種行為，都是「無意識」的，他不是不愛了，只是這個階段的任務完成，他覺得可以放鬆休息了。

女人是記分員，男人是消防員

在戀愛的過程中，用這句話來形容男女雙方真的是很妙的比喻。因為女人總是在各個面向觀察，然後默默開始給對方打分數，多說一句我愛你加一分，今天不接我電話扣十分，諸如此類的內心戲讓女人們總是很忙。

但男人就像消防員，如前所述，當他接到滅火任務時，他就提著水槍衝火場，用最快的速度、最強的水壓，務必趕快把火撲滅。當火勢控制住進而撲滅了，男人就開始鬆懈，因為休息對於男人來說，真的比你想像的重要。不管是精神上的休息，還是行為上呈現放空狀態，對他們而言，除非是下個任務又來了，否則又要他們奮發圖強真的有點強人所難。

換位思考，抓準男人的心

男人住火星、女人住金星，兩個來自不同星球卻要能彼此溝通，還希望戀愛長久，請你一定要懂得換位思考。但你可能想問，難道我的戀情只能容忍男人這樣的行為模式嗎？難道我不再能享受到被呵護、捧在掌心的感覺嗎？我想除了溝通以外，只有一招最為有效！

那就是永遠不要讓你的男人對你「超放心」，換句話說，就是你不能被他「吃得死死的」！當他覺得你很安全，打都打不跑的時候，試問他幹嘛還要花心思在你身上？這不叫過分，而是人性！戀愛中原本就需要一些樂趣跟動腦，才能永保新鮮。

#坐冷宮：一種穿越時空的體驗。冷宮體感溫度零下負八十七度，比失寵嬪妃還空虛寂寞覺得冷，有時會覺得不如賜條白綾「卡痛快」。

#週年紀念日：一種慶祝的藉口。舉凡牽手週年、在一起週年、上床週年……比百貨週年慶花招還多。但怎麼慶祝？女生說了算！

男人要的「安全感」超乎想像！出現這四種行為，女人請注意！

阿歡，身價數十億的企業家，江湖人稱「歡董」。歡董有個能力強、又漂亮的女友 Tina，剛好也是他事業的夥伴，大家總說他們真是天生一對，但最近業界盛傳，東區各大夜店，每晚都看得到歡董的身影。他總是獨自一人，沒有哥們坐陪，歡董緊盯年輕妹仔，一個換一個，雙手不斷地游移在妹仔的股溝間……

有回聚餐，歡董的兄弟們問他：「你幹嘛都去混夜店找嫩妹？跟你身分太不搭了，Tina 也很正啊，還會幫你賺錢呢！你要真想享受一下，我跟你說 ×× 俱樂部裡才好玩呢！」

歡董多喝了幾杯才悠悠地說：「你們不懂我的感受，Tina 能力太好了，讓我壓力很大，而且她根本無法掌控，我得不到安全感……」原來，即使身家雄厚，貌似人生勝利組的男人，最在乎的東西叫做安全感。

男人需要安全感的四個徵兆

我歸納出當男人出現以下四種症頭，代表他是個極度沒安全感的人，女人們請格外留意。

．**不斷尋覓新眼球：**就如同歡董一樣，因為身邊的女友讓他無法「一手掌握」，通常女伴長得美，能力又強，男人很容易出現沒有安全感的感覺，因為男人想要的是一種「被崇拜感」，所以當他自覺不滿足時，就出去找「新眼球」來看他，如同嫩妹看到歡董，總是貼得很緊，讓他的不安全感得到暫時的出口。

．**死盯女友不放：**這種男人通常對自己沒自信，女友穿什麼？跟誰出去？大小屁事一律都要報備。然後大小聚會、閨蜜聊天，他也想盡辦法參一咖，就是死黏著不放，這種美其名是男人超愛另一半，但其實只是代表他真的很沒安全感，這一切的行為，是只為了讓他自己好過罷了！

．**很愛貶低女友：**動不動批評女友很蠢，怎麼做事都不用腦呢！或者很常把以前的女友拿出來數落：「我跟你說，當初就是她不夠珍惜我啦，暴殄天物！」「我現在都覺得我人真好，當初怎麼會跟她在一起啊！」這種貶低女伴行為，我認為是最機車且低級的，老是對女人有一堆怨言，大概是以前曾經被傷害過，所以只能靠貶低人，來建立自己的信心及安全感。

．**不敢表達意見：**這類的男人，你永遠從他嘴裡問不到答案！從「我們放假去哪玩？」到「今天晚上吃什麼？」或是電視正播哪個熱門新聞，總之你問他任何事，他都不會正面回答！你以為他是很貼心，超尊重女伴？其實他只是怕說出來的話，惹怒女友或跟對方意見不合，這種的男人叫懦弱，害怕失去、更怕對立，因為他的內心不夠堅強，簡單說就是玻璃心啦！

一段感情能夠繼續，互信是最重要的！只要一方沒有安全感，就容易做出令人傻眼的行為、說出傷害彼此關係的話，記得安全感永遠只能靠自己給！

你只是變成他想要的樣子！男人其實是這樣想的……

子琳在戀愛的世界裡，她是個百變女王，也許用女王形容會讓你誤會，更精準地說，子琳是「變形蟲」，只要她身邊的男人喜歡哪種Style，她就會變成那個男人「喜歡的樣子」。

A男專吃清純可愛風，子琳就配個妹妹頭瀏海直長髮，笑起來還會掩嘴；B男口味重最愛妖豔風，子琳便黏上假睫毛、性感紅唇外加「長輩出來打招呼」絕對超有禮貌；C男喜歡獨立新女性，子琳絕對不吵不鬧，一切自己打點好，就連想約個會都會事前預約，還會裝自己也很忙的樣子；D男喜歡愛家庭主婦型，子琳就去他家打掃、洗衣兼洗碗，隨手就能變出一桌菜，簡直比男友「老木」還更像個媽。

這麼多年下來，子琳覺得好累，心好累，而且她不明白的是，她都已經「配合」成這樣，變成這個男人最喜歡的樣子，為什麼每一段感情卻還是無疾而終，有種始終靠不了岸的悲涼。在戀愛的世界裡，子琳就是屬於標準的「沒自信」，她希望得到男人的肯定，而她使用的方式顯然沒有用。但她沒想到在愛情的世界裡，大部分男人擔任的角色叫「獵人」，所謂的「獵豔」正是這個道理。

男人不會說的事！他喜愛的「獵物」其實是……

很多女人覺得，男人不是都喜歡一個乖乖聽話、叫她往東不敢往西的女人嗎？不，當你一旦成為了這樣的女人，對男人來說，根本毫無挑戰力。那男人心裡到底渴望哪種女人呢？

・**有魅力的外表**：外表的確是兩性吸引的第一關，但不是一定要多嬌豔美麗還是小家碧玉，才會大受歡迎，而是讓人第一眼就看到你充滿自信，以及最「合宜」的外型。什麼是合宜？簡單說就是最適合你的個性、身分，還有氣質的打扮。身材不夠火辣沒關係，但不要為了討好男人打扮成瑪丹娜；如果是個中規中矩的個性，就別硬變成Lady Gaga；明明很愛大笑、走豪邁路線，就別裝成宋慧喬，因為裝只是一時的，久了男人發現根本不是這麼一回事，更重要的是，你可能早就被自己逼死了。

・**有主見的個性：**沒主見的女人太無趣，但太有主見的女性也不見得受歡迎，但如果有想法、懂很多，身段柔軟又沒有「三娘教子」的咄咄逼人，說什麼都能聊上幾句的女人，就格外有吸引力。多數男人都覺得一直聊天很累，尤其是沒重點的亂聊，但這不代表他不能聊、不愛聊；女人則是常抱怨跟男人很難溝通，說句話有一搭沒一搭。其中的關鍵就是「天地線」沒有接通啦，簡單說就是說沒有共同話題，或是頻率不對。倘若談車、談3C，女人展現出「略懂略懂」的FU，聊運動、聊露營，女人也能參一咖，甚至放眼職場宮鬥到國際形勢，她都能說出獨到的看法或觀點，甚至還能提供「人生迷惘」的諮詢，如此有主見又成熟的個性，自然對男人散發強烈吸引力。

・**抓不住的刺激：**男人最喜歡的是女人在他的身邊識大體、給他面子，就是一種被尊重的氛圍，但是這女人不在視線範圍內，他其實掌握不住，根本猜不透。舉例來說，行動上的飄忽不定，會讓男生牽腸掛肚，性格上的多變，難以捉摸，會讓男人更加心癢癢。所以聰明的女孩們，千萬不要隨便地把自己的底牌全部掀出來，這不是耍詐、不誠懇，而是你也要懂得保留一些，這不僅是手段，也是保護自己的一種機制。

女人要外表像羊、內心如狼

簡單說，當個「外表像羊，內心如狼」的女性，你將最值錢；做自己不是叫你任性，而是要保持你的獨特性，俗話說「男人都犯賤」，這話也許有些武斷，我說應該叫做「人性都犯賤」，當掌握了人性，將更能掌握你的愛情。

如果你的男伴真的開口要求你「華麗變身」，變成他想要的樣子，女孩，千萬別誤會這叫愛，因為，他只是個自戀狂罷了。

當女人說出這三句話，男人小心倒大楣！

有句話叫：「男人住在火星，女人住在金星。」這告訴我們，這兩種動物根本住在不同星球，所以常常發生溝通不良、說話雞同鴨講的狀況。身為金星成員的一份子，為了維護宇宙和平，我來幫大家說出心聲，當女人說出這三句話，雖然每句都輕薄短小，但背後隱藏的威力驚人，請男人當心。

你去啊＝你敢去，老娘跟你沒完沒了！

PTT西斯版有個故事是這樣子的：有個先生問網友，太太生完孩子沒性慾，就跟先生說「那你去買（春）啊！」聽到這句話時，男人們千萬別高興太早。

這不是太太好貼心，了解先生有性需求，這～麼大方地說：「你去啊！」男網友還好傻好天真問大家說：「太太是認真的嗎？」要是這個先生真的去了，我保證他死無葬身之地。

好啊＝那你別怪我心狠手辣！

女人面無表情，感覺有點怪怪的，問她說：「你還好嗎？」而她拖長尾音，聲調還略微上揚說出「好啊」兩個字，然後繼續沉默，男伴呆呆地相信了，繼續轉頭打電動……

有個故事是這樣子的：阿明花了好大功夫把小欣追到手，他覺得跟女友共處一室，還能邊打電動，簡直天堂，殊不知小欣白眼已經翻到後背，阿明好不容易嗅出一絲不尋常氣味，問女友「你還好嗎？」小欣嘴上說「好啊」，其實內心 OS 是：把到手就變這樣嗎？根本說一套做一套，我決定跟你分手了！

隨便你＝既然不聽我的話，老娘不管你了！

天氣好熱，女人跟男人說「我們去吃芒果冰吧，永康街那家最好吃了！」男人卻只想趕快回家吹冷氣，於是說：「寶貝，我不想排隊啦，我們回家好嗎？」

這時女友噘著嘴說「隨便你」，男友只覺得女朋友好貼心，「喔耶！那我們手牽手回去吹冷氣囉！」沒想到女友卻說：「喔，我還有點事，先走了，掰！」留下一臉錯愕的男朋友……

金星人重感覺，說話都是拐彎抹角的，千萬不能只照字面解讀！也建議如果遇到怎麼暗示都搞不清楚狀況的男伴，避免讓自己一肚子火，不如就直白的告訴他你的不爽吧！

PTT：鄉民聚集地，最受歡迎的三大神物分別為：板凳、珍奶和雞排。看熱鬧、求溫暖、戰觀點、尋愛情的重要殿堂。

男人這三個地方大，立馬加十分！

很多男人總覺得女人超難懂，男人住在火星、女人住在金星，難免溝通有障礙！讓我來當翻譯官，站在女性的角度來剖析，告訴大家男人有三個地方夠大，就能贏得女人的歡心。

好男人的三「大」特質

・**心胸要大**：女人最大的通病就是很容易情緒化。吃東西不好吃，森77；拍照不夠瘦，也會77 pupu；還有，你為什麼都不說愛我？這也可以怒一整晚……男人覺得女人的「毛很多」，怎麼這麼容易不開心？其實女人鬧情緒時，大多是希望「討拍拍」，她沒有期待男人認真的去解決問題，而是希望他可以在此時陪她談心、安撫情緒。因此，一個心胸大的男人，可以包容女生使小性子，還可以用一種「好，我都懂」的心境陪伴她，那麼女人很容易就心滿意足。反之，如果這時男的只想講道理，覺得這女的也太煩，老子很受不了耶！那麼，女人只會持續不休地鬧情緒，讓男人更受不了！

・**肩膀要大：**就是指這男的必須要有責任感！有責任感的男人，會知道「什麼該做，什麼不該做」，他不會隨便亂放電，更不會周旋在許多女人中間享受獵豔的快感，所謂的甜言蜜語，是一種「真實的行動」，好好的對待他的另一半。當然，有責任感的男人，也會勇於承認自己的毛病，願意為兩個人的未來做出一些改變或修正。而且俗話說：「夫妻本是同林鳥，大難來時各自飛」，夫妻尚且如此，但只要男人更有責任感、肩膀夠大的時候，碰到困難、或是生活上磨難時，絕對不會率先落跑！

・**口袋要大：**所謂口袋要大，分成兩種情況，第一種是經濟實力豐厚。說句現實一點的，有錢的男人真的很討人喜愛，如果男人還是個高富帥，那女人貼過來的速度絕對超乎想像。至於第二種的口袋要大，不是說這男人真的要多有錢，而是說他夠大方！大方不是說要買多貴的禮物、還是吃多高級的餐廳，這是一種「對比的感覺」，如果一個男人手上有一百元，他花五十元在女伴的身上，跟一個男人手上只有十元，但他十元都願意付出，雖然五十元比十元多很多，但哪一種比較令人感動？換句話說，即使他月入二十二K，但他可以在能力範圍內，對女伴很好，也是會打動人的。

簡單說，來自火星的男人，要是希望在金星上為自己加分，只要多一些關懷的小動作，有時比完成一個「大任務」更能抓住女人的心；而來自金星的女人們，若希望找到一個好男人，就可以從上述三大特質去觀察，來判斷他是不是你的Mr.Right。

真愛不分年齡！
想來一場浪漫姊弟戀？
教你「姊姊必殺技」

女孩你知道嗎？我想要帶你回家，然後把你的衣服脱光光，接著要把你撲倒，讓你貼在我胸膛，翻天覆地一整晚……

音樂催落去，整個包廂high翻天，幾位「姊姊」們跟一群二十出頭的鮮肉們，在KTV裡進行一場「類聯誼」，氣氛輕鬆愉快。這群熟女中，茜茜特別受到「弟弟」們愛慕的眼光，雖然茜茜年過四十，但是年紀沒有成為讓戀愛加溫的距離，因為茜茜超能融入現場氣氛……

一二三四跳舞的 Tempo，搖著頭兒搖著頭兒的 Tempo，麻吉過來麻吉過來下工搖，啊啊……我的情緒火熱，做個浪蝶狂蜂；青春應該不要再留白，虛度著青春不回，活該活該活該活該。

紅桃姊姊快一起搖，黑桃妹妹快一起搖！

當其他姊姊還在扭捏搞不清楚狀況時，在歌詞唱到「紅桃姊姊快一起搖」，穿著紅色運動休閒風的茜茜可是放很開，立馬使勁搖，眼神望向手握麥克風的弟弟，一時間空氣中出現了粉紅色電流。

接下來弟弟隨即插播一條〈輕熟女〉，和茜茜一搭一唱，每首歌都是他們製造浪漫的好幫手。

我跑去馬祖當兵，熟女說好傷心，我的大頭兵日記都是在寫熟女；觸景傷情，彈著思念的鋼琴，忘不了她芳名，忘不了那場景。

任時光匆匆流去，我只在乎你，心甘情願感染你的氣息……

姐弟戀現在正流行，吸引人的地方，不外乎幾點：

1. 小男友有萌系體質，撒嬌不害羞比寵物還療癒。
2. 年齡差卻讓兩人相處的感覺更自由。
3. 大女友心中天真浪漫的情懷可以盡情釋放，絕不怕被笑話。

如果你也想來場姊弟戀，過來人分享了幾點教戰攻略，除了大女友原本會有更成熟的想法、不胡鬧的理智外，這些「姊姊必殺技」不妨參考一下，你也可以融會貫通，打造出一套屬於自己的把男守則。

首先，年齡不是問題，長得有自己的味道才是王道。鮮肉愛的姊姊，外型絕對不是「阿珠媽」，就像茜茜雖然是運動風打扮，但難掩好身材，加上她的自信表情，就是讓弟弟們著迷的主因。

第二，身段要放下，跟小鮮肉出去玩要要能融入氣氛，放開一些讓你更有魅力。就如同茜茜去 KTV，該唱的唱、該跳的跳，尤其是專注的看著弟弟們唱歌的神情，他們就感覺到被另眼看待。

第三，沒有一個男人不愛被肯定的，適時鼓勵和讚美，絕對讓弟弟們感到很開心。像是男孩與茜茜合唱那首〈輕熟女〉時，男孩根本走音，但唱完之後茜茜依舊說：「你好會唱歌喔」，男孩便更賣力表演了……

每場戀愛都值得精采，記得年齡不是問題，談感情有時用點小心思，又有什麼不可以呢？

Chapter
3

嘿！千萬別忽視身體的愛

性愛，似乎是令人害羞的話題，
但這是人類的自然慾望，卸下面具，
解開身體的渴，讓身體告訴你什麼是愛……

女孩的煩惱：交往多久可以上床？這根本是假議題！

戀愛中，很多女孩都很愛問一個問題：「到底交往多久可以上床？」

「太快上床，男生會覺得我很隨便耶。」A女說。

「我的朋友說，至少要等三個月才可以。」B女說。

「我媽說，結婚之前不可以有性行為。」C女說。

「我男朋友說，愛我就給我。」D女說。

「這種事情不能急，不能讓他輕易得逞。」E女說。

「男生滿腦子只想上床，一定是個玩咖。」F女說。

「只要被玩過，很容易就被拋棄了。」G女說。

對於何時要跟另一半發生性行為，很多女孩都會出現上述的OS，這些心態包括了：疑慮、不安、沒自信、包袱、不信任……我說，交往多久可以上床，這件事情根本是個假議題！

我聽過交往三年守身如玉的故事，結果結婚沒有半年就離婚了；也有交往一週就上床，現在孩子都生了三個幸福美滿；更多的是，不管早「上」晚「上」，最後一樣分道揚鑣的案例。到底何時才是上床的好時機，或者說是對的時間？其實你根本搞錯重點了！

上床不代表交往

善良的女孩，很容易用「有沒有牽手」「有沒有接吻」甚至是「有沒有上床」來判定彼此之間的關係，但上了床真的不代表「我們是男女朋友」，可能是一時意亂情迷，可能是逢場作戲，也可能就是大家有緣分，然後一起滑進Motel蓋綿被、聊個天。

所以這要回歸到你自己的個性。簡單說，如果你是古墓派，就不用逼自己當豪放女；你是個享樂派，滾床單也是一種樂趣。這年頭不要期待別人因此給什麼承諾，更別把這件事當成一個賭注，這樣都太沉重了。

關鍵不是速度，是深度

回到「交往多久可以上床？」這個假議題，重點真的不是速度，而是你跟這男人認識的「深度」到哪了？夠信任嗎？感覺一切都很對嗎？是開開心心毫無負擔地去進行一個滾床單的動作嗎？

當覺得和對方都還不太熟，真的不用先透過 Body language 來互相認識，相反的，如果彼此第一眼就天雷勾動地火，彷彿緣定三生，外加有一種心靈伴侶、相見恨晚的 FU，叫你不要上床，勸得了、拉得住嗎？該發生的還是會發生啊！所以這一切跟時間沒有關係，明白了嗎？

順其自然，也許是雙方都比較沒負擔的方式，不過最後補上一個貼心小叮嚀：「滾床一定有風險，活塞運動有得有失，上床前應坦誠面對自己」，千萬記得自我保護，別得病傷身、更別輕易當了「老木」，除此之外真的沒有你想得嚴重。

#古墓派：小龍女那一掛的！不食人間煙火的仙女來著，認真相信牽手就會懷孕，堅信純純的愛，通常沒有腳，因為都用飄的。

婚前性行為超重要！買衣先試穿，買房先賞屋，為什麼上床不必先試用？

「女孩家要潔身自愛！」「你知道嗎？跟男人上過床之後，你就不會被珍惜了啦！」這些是很多老一輩當媽的人，會告訴女兒的話。「愛情有多珍重、性行為就有多珍重！」「我想要跟最愛的人結婚後，再有親密關係！」這些是很多保守女性拒絕婚前性行為的觀念。

但，現在都民國幾年了？撇掉道德觀、傳統禁錮，我想問一問，你買房子會不會去看屋？這麼大一筆錢耶，就算只是租房子，也會去看兩眼吧！買車子前，試駕測試性能也是必須；就連買衣服，不會想先試穿嗎？萬一花了錢買到不漂亮、不合用，甚至是個爛貨時，難道能接受嗎？

如果花錢之前都會有這些觀念，那麼「我自己」，應該是一個更珍貴的有價品吧，找另一半前當然應該先試用啊，萬一跟對方不合，難道要含淚吞下去？**性行為很重要，因為食色性也，它更是伴侶間的大事，正所謂「有好的性關係，就沒有關係；但要是沒有性關係，那關係可大了！」**，上床這檔事不順暢，真的超嚴重，接下來我將用女性的角度切入，並提供真實的案例，讓我來告訴你，為什麼要有婚前性行為！

男人的體貼度，上床後見真章

想要看一個男人是否真體貼，床上才是戰場。Tiffany 的男友馬克，是個翩翩文青，平常待人處事謙和有禮還很細心，出門逛街幫提包包、吃飯幫女伴拉椅子，總之大小細節真是做到好、做到滿，大家都羨慕 Tiffany 根本在當公主，每件事情都被照顧得很好。

沒想到三個月後的一次聚餐，「Tiffany 說已經分手了，她才私下透露，馬克上床之後根本讓她覺得「你哪位？」別說前戲草草帶過，過程中根本不管女友的感受，甚至還出現許多「非正常」的要求逼迫她配合……

一開始 Tiffany 以為男友只是求新鮮，但沒多久就發現，自己根本只是配合演出的道具，男友根本不在乎她的感受，原來，馬克平日裡的噓寒問暖加貼心只是戴面具，到了床上才是「真實的他」。Tiffany開始拒絕親密行為，馬克竟然翻臉不認人，以往的溫文儒雅頓時消失，追求時的浪漫癡情，原來只是自己眼睛業障重。早夭的戀情只有三十天，Tiffany終於體會到前輩常說：「很多男人上床之後，就會換個人！」她非常慶幸真相浮現，才能趁早止血。

合不合用、能不能用？試了才知道

我的同學阿文從小是個大家閨秀，她功課好、學歷棒，出社會後也按部就班，但生性害羞沒交過男友，最後親友介紹相親認識了另一半志雄，因為年近三十五，兩人速速成婚送入洞房，但沒想到送入洞房後，才是惡夢的開始……

剛嫁進門，公婆就不斷催促快生個孫子吧，但阿文不好意思說，志雄根本沒有碰過她，她也因為沒經驗不知該怎麼辦，最後閨蜜跟阿文說：「那你自己去撲老公吧！」阿文鼓起勇氣還研究了半天，卻發現志雄怎麼都「沒反應」？而且老婆主動求歡，老公還會生氣推開。

就這樣過了一年多，阿文面對夫家排山倒海的生子壓力簡直要崩潰了，有天她一怒之下回嗆公婆：「是你兒子不碰我的！」這時更令她震驚的事實是：原來老公一家子都知道兒子是個「性無能」，但為了傳宗接代，還是硬娶媳婦進門，公婆異想天開，想說也許這樣還是可以抱孫，殊不知卻斷送了女人的幸福。最後事情整個鬧大，阿文的爸媽都出面了，兩人先分居後上法院，又花了一年時間打官司，才結束了活寡婦生涯。

不是在演戲！確保自己不是個幌子

電影《喜宴》的劇情，其實超寫實，因為我親眼見過真人版！多年前有天晚上同事QQ突然打給我，要我去當她結婚的證人。「欸，你不是才剛跟男友在一起嗎？怎麼突然說要結婚，要不要想清楚啊？」那時的她好像著魔一般，她的戀情才走到手牽手的純愛階段，就跳過好多關，直接說要結婚。

QQ被勸阻後，純純的愛情卻一直無法晉級，因為男友對她異常地有禮貌，我曾偷偷問過，你男友親過你嗎？QQ說：「只有一次，而且感覺好像是我逼他一樣！」

後來發現狀況越來越不對，她的男友常常跟一個已婚的「好兄弟」混在一起，甚至一起外出旅行過夜，他們相處的時間比跟QQ多太多。後來女方不斷地追問，男友良心過意不去，才坦承自己是同志，因為覺得QQ很善良，相處也算愉快，才想說結婚來抵抗所謂的社會壓力，ＱＱ到了這刻才恍然大悟，原來自己差點成了幌子……多年後，我才笑她：「還好我當年，堅決不帶印章去幫你當證人，不然你不就要寶了嗎？」

當個務實的現代女性！別忽視性生活的重要

這些故事都真實上演，你不去試，怎麼會知道除了兩情相悅外，肉體也能超契合？甚至對方是不是有性怪癖、性無能、或者根本愛錯「姊妹」？

刻板教條說，女人有婚前性行為叫做不檢點；很多女性也說，床上關係不是全部，用愛可以完整一切！如果只因為性生活不圓滿就分手，那也太現實了吧？錯，這叫務實！明明性生活不協調，卻說我可以繼續，這只是幻想、一廂情願，或者是一種無謂的犧牲，追求自己的幸（性）福，不是一件理所當然的事嗎？

難道要把自己的未來，依附在過時的價值觀或是別人的嘴裡嗎？日子是自己過的，追求理想中的未來，當然也要靠自己！因為擔心所以不試用？或因為發生過性行為，而猶豫這段關係是否要繼續？我想說的是：設下停損並不吃虧，相反地，如果為了一個不正確的人賠上一輩子，這才叫做最大的不值啊！

「投資一定有風險，投資基金有賺有賠，申購前應詳閱公開說明書」這口號都能深植人心，婚姻更如同一場投資，而且女性的風險遠大於男性，下好離手前怎能不全面評估？記得，**坦誠面對自己的渴望、認真的追求自己的想望，因為這才叫做「愛自己」！**

#**姊妹：**生理性別不同，但心理性別一致的同志姊妹淘。通常毒舌卻貼心、有極高的品味，但也可能變成情敵。

我想撲他，卻不敢開口！女孩可以這樣釋放「性暗示」

男女大不同！當兩人相處到了一個階段，上床似乎也順理成章，但是這檔事由男人開口可能比較容易，如果是姊妹們想去「撲他」時，卻不敢也不想開口，那該怎麼優雅地釋放訊息呢？

用眼神放電

不用言語，直接用你的眼神說話吧！與他對視超過三十秒，並在低頭後又將目光移到對方身上，這種「放電」相信男人一定可以接收到「善意」，因為這代表女方的重視。

假設你們兩人已經很有默契，也相處好一陣子了，面對這種四眼相對的感應，你又散發出柔情萬水的

FU，曖曖內含光的性暗示，高雅不失格，就等男方心領神會了！

不拒絕跟他獨處一室

古人覺得孤男寡女共處一室，不成體統，但換成現代，這個「室」不是要你直接去開房間，而是指各種密閉空間。

像是兩個人去唱 KTV、窩在有小房間的漫畫網咖店、甚至男人約你去 MTV 看電影，這種空間很讓男人有想像空間，但他約，而你不拒絕，這就是一種鼓勵，有了這種「隱含正面回應」的回應，會讓對方勇敢邁出步伐。

肢體動作不排斥

噓，很多話不用說，Body language 就代表了千言萬語。肢體動作分成兩類，一種被動，一種主動。被動是指，當他不經意地碰到你的手、輕撫你秀髮……而你不排斥，只要神色依舊保持自然，甚至有些嬌羞，都是正面訊號。

更進階的就是你主動出擊，下雨時跟他撐同一把傘，用手勾住他的臂膀；或者講到好笑的事情，你笑倒在他的肩膀上，這些不經意的小動作，都讓你有藉口親近他，釋放出暗示。

善用二句關鍵詞

男人還沒出擊，可能是不確定女人準備好了沒？如果你也期待親密接觸，賜你二句台詞很好用：第一句叫做「我一個人住」，第二句叫做「要上來喝杯飲料嗎？」我一個人住，代表很方便；上來喝杯東西，代表我家歡迎你，其實前述這四種行為，簡單來說都叫做「製造機會」，女孩這樣釋出「性訊息」不傷顏面，又有遐想空間。

想撲，卻害羞、怕丟人嗎？沒有撩不到的男人，只要用點手腕，女孩也能優雅地讓對方手到擒來囉！

#**撲**：由古至今女性常用動詞。古代女子是輕羅小扇撲流螢，現代女子是輕解羅衫撲漢子。

吃飯看教養，床上看人品！碰到「五鬼壓床」女孩快逃

我們常說，要看一個人有沒有教養，從飯桌上就能窺得一二，其實要觀察一個男人最真實的一面，床上真的就能看出人品。

「啪啪啪」這檔事，除了視覺、觸覺、聽覺、味覺、嗅覺「五感體驗」要合拍，更重要的是「床品」要好，當你碰到以下五種「鬼壓床」，請你務必快逃。

小心碰到五大「鬼壓床」

・自私鬼：「你快一點脫衣服啦！」「吼，怎麼還這麼乾？」自私鬼上床會是什麼樣子？穿著西裝打領帶時溫文儒雅，會幫女伴開車

門、拉椅子，但襯衫扯掉時不是變超人，而是成了只顧自己爽的自私鬼。床上運動講究雙人互動性，但自私鬼只想滿足自己，前戲很累PASS、射後不理倒頭睡，當然後戲也PASS，前後段都沒有，至於中間這一段，約莫就是狂抽猛送自己high完收工，讓床伴內心吶喊：「你有想過我的感受嗎？沒有！因為你只有想到你自己。」因此當你碰到這種自私鬼，而且講不聽、無法溝通，甚至還會森77時，請叫他去網購充氣娃娃，因為他只配上工具人。

・**暴力鬼**：「我不要戴套，沒有FU！」「嘴巴給我張開！」中出、顏射、口爆、後庭花，這些A片裡的橋段，男人想模仿幻想自己是男優，這是人性。但是強逼女生硬來，這種就是最該死的暴力鬼。除非你情我願，床上愛怎麼玩隨人開心，但太多暴力鬼最愛無套中出，最後搞出人命，結果拍拍屁股一副干我屁事，不然撂下一句：「你去拿掉啊」或者只顧自己一時的痛快感，不顧床伴的喜好硬是口爆，讓女方產生一種「覺得自己很賤」的反感。碰到這種暴力鬼，請當場拒絕，這絕對沒有什麼不好意思的，當你甩頭離開時，請丟下一句：「謝謝，永遠不用再聯絡了！」

・**懶惰鬼**：「我好累，你可以自己動嗎？」「你幫我弄一下啦！」然後男人直接躺平。當床上 Always 出現這類台詞時，我必須說，你被懶惰鬼纏住了。男人很愛用「死魚」這種貶抑的詞來形容女生，但男人上床懶到太超過，連自己動一下都會喘，那是否也可以叫他「死豬」？而且碰到懶惰鬼，千萬不可以再縱容！俗話說，懶惰的男人是女人寵出來的，當你還沒寵，他都內建這種死豬基因時，嫌累就不要上床啊！同時請認清，跟他繼續在一起，不用奢望他未來可以幫你做什麼，千萬別成了他的聲控玩具。

・**小氣鬼：**「那個……我沒帶錢，你出！」「今天開車油錢是我出的，房間錢換你出！」當你滿懷浪漫準備去溫存，男朋友還在櫃檯跟你算錢誰該出時，不僅破壞氣氛，還真的很丟人。不是不能ＡＡ制，但碰到小氣鬼，他說沒帶錢可能只是幌子，事後還裝沒事。因為對小氣鬼來說，ＡＡ制的定義叫做「能Ａ就Ａ」上床是一種很講究感覺跟誠意的事，如果男人連上床都斤斤計較，只能說他腦袋真是清楚，連精蟲衝腦時都還記得先心算。對了，房間開完，不只茶包、零食全部打包，可以的話他會連床單枕頭都帶回去。你若不快逃，保證失身又傷財，還會氣到吐血。

・**自戀鬼：**「你說我是不是很持久？」「我真是太猛了！」自戀鬼說完還會搭配

仰天長笑的音效，在一旁的女伴忍住白眼只覺得：「其實還好，你真的想太多了！」有一些男人深怕被人「看衰小」，覺得他沒有床上雄風，因此不斷誇讚自己有多厲害，最恐怖的就是他還會逼問床伴：「我是不是超強？你一定很爽吧！」但使用者體驗真的不是這樣，說真話很傷人，說假話超怕變成小木偶。其實這類的行為出現代表他要嘛很自戀，就連經過鏡子前，都會對著鏡子裡的自己說：「嗨，帥哥！」要嘛就是超沒自信所以變成自大，當床伴還要兼哄人，你又不是他媽，想討肯定，叫他回去找「老木」吧。

五鬼在身邊？請速速放生，以策安全

碰到被鬼壓床，管它是念佛號、用力想辦法睜眼，還是罵髒話，總之第一個念頭就是想趕快醒過來！但女孩在戀愛中被鬼壓床，卻容易騙自己這只是場夢不是真的，又怕醒來更受傷。切記，床品不好，人品也好不到哪去，還有，會在床上把你跟別的女人做比較的男人，請一腳把他踹下床，這些男人絕對不值得收藏，速速放生，並高呼：「祖先保佑，我開天眼了」，因為下一個會更好。

#工具人：男性為大宗。分為甘心被使喚，以及傻傻就成為工具人這兩類。通常天真爛漫，以為可以用技能換愛情，但兌換率超爛。

我想跟你做愛！
前男友突然的邀約，破解你不知道的男人心態

午夜十二點時手機叮咚響了一聲……

「我想跟你做愛！」Jessie打開手機跳出這個訊息，簡直嚇了她好幾跳！

發LINE的是已經分手三年多的前男友David。爾後Jessie和David兩個人各自嫁娶，因為當初和平分手、沒有鬧翻，兩人維持著一年一次LINE的生日祝福。但面對這突如其來的「邀請」Jessie第一時間除了錯愕，外加一些憤怒，更多的情緒是她的好奇心。

Jessie：「你喝多了，是吧？」

David：「我們可以先去看個

電影、再去喝兩杯……」

Jessie：「你這樣是不是也太直接了？最近過得不好嗎？」

David：「沒有，挺好的，只是想到你了。」

Jessie：「許久不聯絡，你現在是哪條神經搭錯線？」

David：「我快生日了，我想要禮物！就是你。」

面對EX突然出這種怪招，如果是年輕的女孩一定覺得這種要求超變態，但Jessie卻開始上演了好奇心小劇場：「他最近是工作不順嗎？」「難道他最愛的女人還是我？」「還是他跟太太性生活不美滿？」「難道是我床上功夫太好讓他難忘？」太多的疑問讓Jessie想找出答案。

隔了幾天，David又LINE她了：「我的禮物呢？」

Jessie：「你回去找你老婆啦！」

David：「我真的很想你的……『那裡』！」

男人超直白的行為，讓前女友產生了三個誤解，第一個是，難道是自己才是他的真愛，讓前男友即使結婚了都念念不忘、餘情未了？還是我顏值高、身材好，床上技巧讓他懷念？不然一定是他婚姻不美滿！

最後答案揭曉了……

Jessie：「你幹嘛不去找年輕妹妹啊，我都結婚了，我對你沒『性趣』，更不想惹事！」

David：「唉啊，我也知道妹仔身材更棒，但萬一消息走漏，被我老婆知道或傳到公司，那可麻煩了……我們是老朋友，增添一點生活樂趣不是挺好？而且大家都結婚了，就算去Motel，我相信，彼此一定會守口如瓶啊！」

其實，David在一家外商銀行擔任還不錯的職位，婚後生活也不差，跟太太相處一般般，但隨著中年危機來臨，他渴望追求情感上的刺激，卻擔心一時的失手或消息外漏，影響到原本的工作或生活，因此他思來想去，覺得前女友Jessie是最佳人選。

原來他腦袋想的是如何把「偷情這件事情」的風險降低，前女友縱使青春肉體拚不過妹仔，但至少兩人也有過一段情，更重要的是：「安全而且乾淨！」說白話一點，就是當對方也是已婚身分，兩人要是偷情，都會格外小心，因為沒有人想要因此破壞原來的家庭和生活。

再者，David也擔心出來玩會因此染了什麼惡疾，外頭的酒店妹、按摩女都太不靠譜，就算是生活圈裡認識的人，也不清楚對方的底細。而前女友正正當當是個正經女人，自然安心掛保證，找她尋求刺激，真是不二人選，而且問一問也不吃虧！

Jessie終於明白了David的企圖和想法，破案了！一切與真愛無關，更不是自己多麼棒。但她最後沒有生氣，反而謝謝David幫她上了一堂課，讓她看穿了男人內心深處的盤算，更讓她明瞭，原來什麼叫做「男人的自私」！

#EX：前任的通稱。通常是相見不如懷念，但有些人EQ卓越，還能跟EX繼續做朋友，甚至把過去式維持為現在進行式。

#偷情：一種技術活兒的運動。進行時心跳絕對超過130，與跑步、游泳等其他項目相比，堪屬激烈運動，副作用恐怖，比如：雙腿斷、那話兒殘廢等。

為什麼男人愛提分手砲？三個重點就能突破盲腸！

Albert 劈腿被女友 Jessica 抓個正著，Jessica 雖然顧念昔日舊情，但這口氣想一想實在吞不下去，因此決心跟 Albert 分手。沒想到他卻說：「分手前，我們可以上最後一次床嗎？」Jessica 覺得困惑？到底這男人在想什麼？難道是還愛我嗎？還是我比外面那個小三強？

分手砲其實只有三種！

不不不，男人提分手砲，腦袋裡想的事情，絕對不脫以下幾種狀況，女人千萬不要自己腦補啦！

・**這只是一種紀念儀式：**有種男人，在分手前最愛玩的一種儀式，叫做分手砲，燈光美、氣氛佳，就連床上都變得特別賣力。但男人只是想留下自己的精子給這個女人，希望這女人永遠記得他好棒棒，最好還能回味無窮，但這種行為，單純只是一種自私，留下最後一抹所謂身體上的快樂。

‧**戀人不成改做砲友：**邀請即將分手的女友來場床戲，男人想的是，如果你答應，代表我們可以「分手但不分開」，代表你願意接受沒有感情的包袱，還能一起上床。畢竟兩人也是挺熟的，外面再找新戰友，不見得那麼合拍。如果可以「回收繼續利用」，女方也不反對，那豈不是賺大了？因為對很多男人來說，即使兩人不是情侶，但是砲火卻依然猛烈，這真是一種最棒的關係了。

‧**他想畫下完美句點：**如果這男人天生屬於浪漫派，即使我們不能天長地久，即便我們的戀情出現了很多磨擦甚至不愉快，但要記住這曾經擁有的一刻！所以分離前再翻雲覆雨一遍，這分手砲就是一種 Happy Ending 的概念，男人希望用美好的性愛，為這段的關係畫下句點。

當然，也有少數男人，可能希望透過性愛，動之以情、誘之以利，讓女人回頭，抑或是他可以藉此腳踏兩船，總之以上這些心態，女孩們不可不知啊！

所以萬一碰到男人的分手砲之約，請先判斷清楚對方提出的理由，更重要的是，你自己的想法又是什麼？如果你想讓這段感情徹底結束，千萬不要一時心軟，最後成了歹戲拖棚；如果你也能放輕鬆，確定不會以性愛當求愛的手段，真心覺得單純當個砲友也不錯，那就喝了再上吧！

#**砲友：**作伙來一發的朋友，常分為定期、不定期兩種。最理想狀態是床上相見，出門兩不再見。小叮嚀：砲友相見務必全程穿戴「雨衣」，以防開花。

無性外遇算出軌嗎？聰明女人用這三招挽回你的男人

文龍跟小芬結婚五年，還有二個可愛的孩子，但小芬發現最近文龍回家的時間越來越晚，還會默默躲在廁所看手機。這晚，從來不檢查文龍手機的小芬，聽到老公手機響起LINE的訊息聲，文龍正在洗澡，小芬拿起手機，看到螢幕上跳出LINE的訊息，對方寫「那你迷戀我嗎？明天一起去約會吧，好期待喔！」

小芬決定跟文龍好好談一下，文龍才透露說，最近跟公司新來的女同事Linda走得很近，是女方不斷放電示好，他一時鬼迷心竅，但他發誓沒有逾矩行為，就是喝喝咖啡、嘴巴上打情罵俏而已。

破解外遇三步驟

男人的這種精神外遇，就算沒上床，但另一半絕對不會痛快，尤其在職場上最容易發生這種狀況，可能是為了解悶，更有可能是因為有精神上的刺激，以及外面的女人，最能滿足男人被崇拜的虛榮感。這時女人要是一哭二鬧三上吊，絕對於事無補，如果不想分手，該怎麼聰明破解危機呢？

・**不要鬧到人盡皆知**：首先，這件事情千萬不要弄到「滿城盡知外遇事」，一時情緒失控，四處大吐苦水讓家務事成了朋友圈的八卦，更嚴重的就是跟長輩告狀，要大人出來主持公道……很多事情本來沒這麼嚴重，一鬧大就無法挽回。小芬心情當然很差，但她第一時間找了一個腦袋清楚嘴巴又緊的閨蜜聊一下，閨蜜只問她一句話：「你要離婚嗎？」小芬說不，那閨蜜就告訴她，接下來該怎麼處理，才能讓浪子回頭。

・**肯定男性，滿足虛榮**：閨蜜說：「碰到這種事，我知道你很火，但是有句話叫做『女人渴望被愛、男人渴望被尊重』男人的面子跟生命一樣重要，碰到自己上門的女生真的很難拒絕，想要男人回頭，這個時候不要指責他的錯誤，更不要賤踏他的尊嚴，他只會惱羞成怒，於事無補，記得先忍一下。」小芬很聰明，一點就通，她讓自己換個立場，站在男生的角度想了一遍，所以後來她笑笑跟文龍說，那你處理乾淨就好。接下來，她更常在生活中稱讚文龍，滿足男人的虛榮感，加上文龍心裡真的有愧疚，便加倍對小芬好，兩人的互動因此更順暢。

• **激情加溫，床上功課要做好：**小芬是個盡職的媽媽，天天做三餐，也把家裡整理得井井有條，但這次的外遇事件也讓她有了警醒，她學會每兩週把孩子丟去閨蜜家，跟先生來個愛的約會，看個電影、一起去吃燭光大餐，或是來個瘋狂小旅行，這都讓感情保有新鮮感。

當然「上床」這件功課也要做好，先生在家「吃飽」很滿意，降低出去吃點心的危機，總之，要防止男性精神外遇，女性的實際行動是最有用的方法。

所以萬一你的男人精神外遇了，如果你能很瀟灑地開除了他，非常棒；但當你還想要這段關係時，說氣話、耍脾氣都沒有用。要理智冷靜，外加保持自信，千萬不要急著去跟外面的一較長短，做個有謀略的女人，真的很重要！

和男友「啪啪」好怕怕！
只要不願意，
請你一秒變Hold住姐

「我偷偷問你一件事，你男朋友有特殊『性癖好』嗎？」婷薇說得超小聲。

「我們喜歡一起先看A片助興，要是看到什麼新招式，我是很願意試試看啦！」南君說得一派自然。

「上次我男友說想從『後面來』，可是我覺得好髒喔！」婷薇感覺很苦惱。

「你不喜歡的話，就不要啊，床上能玩的花招很多，換別種啊，火車便當、背後式、剪刀式都不賴啊，你試著跟他溝通一下嘛！」南君一秒變身金賽夫人。

「但我上次拒絕之後，男朋友跟我生悶氣好幾天，說他就想試看看，為什麼我不能配合一下？我真的不想讓他不開心啊……」薇婷越說越擔心。

「這種事情本來就要你情我願，他不高興就讓他不高興啊！」南君說。

「可是我好怕，怕他因此要跟我分手，除了這件事，我們都相處得很好啊……」薇婷開始自我安慰。

上床三要點，千萬別委屈

關於上床這檔事，女孩常有很多「點」想不清楚，因此衍生許多不必要的煩惱，請你先建立這三個重要觀念，千萬別委屈了自己。

・**沒人能勉強你**：你千萬別傻傻以為，對方的要求你都配合這才叫愛，或者對方才會更愛你。錯！上床是歡愉的，不是拿來交換的，女孩千萬別用身體去換取愛情！除非你願意，否則你不喜歡的事，沒人能逼你。就如同有人就是不愛吃香蕉卻硬逼他吃，而且還叫對方用鼻孔吃，聽起來是不是很荒謬？你愛用鼻孔吃香蕉那是你家的事，老娘不想表演特技，不行嗎？

・性愛是兩個人的事：性愛不是只有你爽，那我呢？如果取悅不能互相、很high只有你嘗，這樣絕對不健康！床上滾被單，講究的是「3D互動」，更重要的是溝通，怎樣你會更開心？我會更滿意，這都是在雙方同意且願意一起去做的前提下成立。床上有慾望、有渴望都很正常，我們可以一起看祕笈，切磋練武功，或者上演「巴黎鐵塔翻過來轉過去」這叫情趣。但床上千萬不能出現的一種情緒叫「委屈」，一旦有這種感覺，就是你在逼自己做不喜歡的事，不管對方是用兇的、求的，還是命令的，如果對方講不聽還用強的，請你一秒變「Hold住姐」，立馬彈出床鋪，穿上衣服甩門回家。

・看出本性：太多前人的教訓告訴我們，男人在床上常會讓你覺得「你哪位？」因為這時不僅身體光溜溜，他的本性也是赤裸裸的展現。善良的女孩，太容易因為覺得我已經跟你上床了，所以乖乖聽話是應該的，或者說即使對方讓你的「床上體感」很差，卻依舊委屈求全，甚至擔心被分手。如果對方真的這樣幹，別傻了，你該慶幸早早認清他的真面目，他愛的才不是你，自私的他最適合的床伴叫做充氣娃娃。

做人講究禮尚往來，上床講究你情我願。最後來點播黃明志這首〈PA PA PA〉，女孩請多聽幾遍才不吃虧。

自以為碰到了愛一觸即發，男人本來就需要時間觀察，表面功夫太肉麻，你卸下防備然後傻傻被他抽插。

他只是想要啪啪，只想跟你啪啪，相信我吧！別再笨了傻瓜，甜言蜜語廢話，就是想要啪啪啪，千萬別隨便跟他回家！

他只是想要啪啪，只想跟你啪啪，一堆鳥話！說的完美無瑕，根本就是爛咖。整天想要啪啪啪，啪完了之後Sayonara，你賣憨啦！

Chapter
4

那些劈腿的人教我的事

不只人生的路會崎嶇難行，在愛情的道路上，
可能遇見重重障礙：小三橫行、男人變心……
別氣餒！這是認識自己，讓自己更好的最佳時機！

女友美到像仙女，但他為何要「上」別人？

Jill的美，不只男人會多看兩眼，就連女人也一致認可Jill的確很有仙氣。但最近Jill非常沮喪，好友才透露，她竟然抓到男友劈腿「上」了別人，而且對方長相平凡，這讓Jill除了大怒，更覺得臉上無光。

男人劈腿五大心理學

其實很多時候，你必須了解男人的心態，他劈不劈腿，有時跟你美不美，或者是不是你個性差，一點關係也沒有！為什麼身邊已經有如花美眷，他卻還是找尋野花？男人劈腿五大心理學，能不知道嗎？

・**好奇外加找刺激：**男人是冒險的動物。俗話說：「妻不如妾，妾不如偷，偷不如偷不著！」這充分描述出男性的內心狀態，身邊的女人即使再美，久了也都膩了，但外面的野花正當「新鮮期」，一種新奇、新鮮、冒險外加找刺激的「四合一」快感，只要意志不堅，他就想要去找別的女人「一探究竟」。

・**尋找征服感：**談戀愛時，男的把正妹追到手，代表自己很行、很罩，這就是一種征服。當征服完一個後，看到下個目標時，他又想證明一下自己的能力有多大。當然也有另一種心態，就是這男人其實是個沒自信的人，他藉由征服女性來鞏固自己的信心，簡單兩個字形容：就是低級。

・**報復或補償：**報復心男女都有，只是男人的報復喜歡用「肉搏」的。如果他的女伴讓他不痛快，那他就去外面找別人以表報復，或者是他的女伴無法讓他的性生活滿足，或者他覺得自己的女人不夠可口，有太多的藉口都讓他可以出軌。

・**面子問題：**「唉啊，妻管嚴吼！」「這美女你敢把嗎？」男人愛面子，尤其在兄弟前面更愛面子。有時候因為別人在一旁叫囂加點火，為了不讓臉上無光，男人可能就會因此拚了！若是別人都上了，他還一動也不動，那還能在朋友圈走跳嗎？所以有時因為打賭或煽動就出軌了，實在幼稚。

・**不上白不上：**正所謂食色性也，愛女色原本就是男人本性，說句更獸性的話，所謂的一夫一妻制，是一種社會規範的產物，其實不符合人性。或是有女生自己倒貼，先不管目的為何，站在男人的立場，送上口的肥肉不吃白不吃，有得上還不上，豈不阿呆？至於不擔心後果嗎？男人只覺得自己一定可以做到「上過了無痕」不會被發現的，萬一被發現，那就再說吧！

所謂的心理學，就是在研究心理現象、精神功能與行為的一種科學，說到底也就是一種剖析人性的歸納，男人出軌五大心理學也是如此。所以很多感情問題，能以超然一點的高度往回看，很多事情的發生，也就見怪不怪，自然就能夠找出對策解決。

老話一句：「面對它、接受它、處理它，並放下它」，讓自己看清、看透徹，雖然會有些痛，但這也是一種成長，不是嗎？

他不碰你！正宮娘娘要注意，男人竟想幫小三篡位！

David跟阿娟同居三年了，雖然沒結婚卻像老夫老妻一般。最近阿娟覺得男友怪怪的，女人的直覺一向很準，果然在David的手機裡發現了他與小三的曖昧對話。身為正宮娘娘，阿娟一肚子火，但她選擇先按兵不動，「我倒要看看，他可以變出什麼把戲來！」

男人扶正小三的徵兆

說到演戲上演諜對諜，女人的演技比起男人更是技高一籌，阿娟一切照舊，但他觀察發現，David對小三似乎興頭很大，但卻又沒種直接跟正牌女友攤牌，所以出現了三種徵兆。

・**從「我們」變成「我」**：David說話開始變少之外，家裡一片沉默到讓人心冷，難得開口，David說話的句型用字也開始產生質變！比如以前都說：「我們等下去一起去幹嘛」，現在幾乎都變成了「我」準備去做什麼。當「我們變成我」，說白話點就是我心裡沒有你了啦！

・**個性突然大變**：原本David是個脾氣溫和的好好先生型，但自從迷戀上了外面的小三，他開始變得很不耐煩。以前兩人鬧脾氣，總是阿娟爆炸、男友安靜，現在David開始會回嘴，而且越來越沒耐性。因為當你愛一個人的時候，耐性可以「無性生殖、源源不絕」，但不愛的時候，耐性是什麼？能吃嗎？

・**柳下惠上身**：阿娟跟David原本每週都會有的「床上運動」，週期越拉越長，David好像一瞬間修練成得道高僧，遠離世間的慾望，他們漸漸成了無性情侶。

你說男人是下半身思考的動物，怎麼可能一夕出家吃素了？有時候，當他對你沒興趣時，各種推託理由都來了：工作累、壓力大、好想睡，就連很怕吵到隔壁鄰居，都成了藉口。當然外面的小三更可口，吃飽吃滿，回家自然收工。

不過就短短的一個月，阿娟看透了男人變心的演進史，也當作學了個經驗。身為正宮娘娘，阿娟不是好惹的。

這天David說：「我真的需要『一個人』的空間！」阿娟相當貼心！她趁David上班時，清空了「前男友」的所有雜物，帥氣地丟在大樓地下室的垃圾間裡，順便換了家門的密碼鎖，讓他能好好「一個人」！

阿娟想跟所有正宮說，要是男人找小三，要嘛及早發現及早治療，否則就要先下手為強，把他扔了！

#同居：兩人的直球對決。放屁、不刷牙、亂尿馬桶蓋，如果還能忍住不分手，再來談結婚。

#小三：正宮最恨的人。通常很有手腕值得學習，小三經典台詞：「在愛情世界裡，不被愛的才是小三。」

我發現男友有小三的證據，因為他對我不舉！

Chris默默推開女友小娜正在股間游移的手……

「我累了，睡吧！」Chris淡淡地說。

「為什麼你最近總是這樣？」小娜心裡不太好受。

「沒什麼，睡吧！」Chris翻身背對女友。

Chris、小娜交往快三年，早就同居了，但最近這二個月，Chris總是對女友沒有「性」趣，小娜覺得太怪了，所以她開始主動出擊，一次又一次的被拒絕，這讓她越來越火大。最後她決定用「強」的，極盡挑逗之能事，卻沒想到男友竟然「硬不起來」！

她以為這「不舉」只是偶發，後來她發現不管他怎麼用盡心機、變花樣，Chris始終軟趴趴，她以為男友生病了，所以這陣子才一直拒絕上床，小娜好生擔心，甚至還上網研究想找出答案，畢竟床上大事攸關一生性福，千萬不能輕率……

然而Chris持續不舉，小娜開始越來越傷心，她覺得是不是自己最近變胖了，讓男友沒性致，還是自己哪裡做得不對？各種小劇場在腦內輪番上演，小娜變得越來越沒自信，覺得自己的女性魅力不再，她忍不住把煩惱跟姊妹淘傾訴。

「那他早上會『升旗』嗎？」閨蜜問。

「會啊，其實我有發現他自己還有DIY……」小娜說。

「那這應該是心理問題吧！」閨蜜分析。

「總之Chris對著我不舉，這實在很傷人。」小娜邊說邊掉淚。

之後她開始瘋狂追問Chris，到底是為什麼？Chris始終不語，小娜覺得快被逼瘋，她不想要這樣！當全身脫光站在男友面前，對方卻沒有任何反應，讓她覺得自己好賤……

這樣的日子又拖過了二個月，小娜的自尊心被打擊到消失殆盡，直到這夜，她去東區PUB買醉喝到一點多，醉醺醺的進了電梯準備打道回府，結果電梯在四樓停住，電梯一打開，竟然看到Chris摟著一個長髮辣妹，四樓是什麼地方？是賓館。

小娜整個清醒了！

原來，不舉，是男人的心理壓力！

因為他愧疚，但他沒種，不敢說、不想面對、他想逃避。於是他的那根成了軟蒟蒻，小娜終於明白，原來男友的那話兒，是最誠實的「翻譯蒟蒻」。這一刻，她找回了自尊：「原來不是我的問題，而是他劈腿了！」但她也很慶幸男友身體上的誠實，讓她能及早看清自己的愛情。

DIY：一種手作的樂趣。隨時隨地找開心，方便快速不求人，有時候也是一種逃避現實的手段，端看使用者心態而定。

正宮變小三！親愛的女孩，請看清&看輕你的愛情

宇婷和阿振從大學時代就開始交往，出了社會幾年下來分分合合太多次，多到連朋友都看不下去了。原因是阿振有慣性劈腿，小三、小四都換到小五、小六了，但兩個人卻怎樣也分不乾淨，週而復始不斷輪迴。

宇婷什麼都以男友為主，但一次又一次的包容，顯然沒有用，就算黏得再緊，對方都有偷情的空檔，這次阿振又去練更高段的劈腿神功，但宇婷抓姦的功力早已爐火純青，沒兩下子就被抓包。

只是這次宇婷真的受夠了，但她太清楚自己的個性，就是優柔寡斷放不下，尤其這麼多年的感情，即使滿身傷，要轉頭拋下簡直要她的命。閨

蜜開玩笑說：「不如你改當小三吧！」沒想到宇婷接受這個建議，她想，竟然當野花這麼搶手，好啊，反正我轉個心態，來當阿振的小三好了！

於是，宇婷不再查勤開始放手，同時也學著過自己的人生，學英文、跳國標，整個人都開朗起來了，她甚至當起阿振的戀愛軍師，每次聽到阿振回報新進度，還不忘指點一二。宇婷心念一轉，讓她跟阿振之間的氣氛也逐漸產生微妙的變化……感覺阿振更愛宇婷了！

宇婷想，反正現在是小三的身分，那她再去認識別人也是理所當然，大家一起騎驢找馬不吃虧，宇婷身邊也出現好幾個條件不差的男生在追，沒想到這次換成阿振緊張了，噓寒問暖成了家常便飯，好久不見的鮮花禮物，阿振隨手就會奉上，「啊，原來當小三是這種感覺啊……」宇婷心想。

不用掏心掏肺的付出，更不用時刻緊盯，卻換來男人更多的關懷和愛情，宇婷正宮變小三的日子過了大半年，她終於有了新體悟。

親密但保持距離，會讓你看清

因為兩人間多了一些距離，她終於可以「看清」！就如同她明明知道阿振就是慣性劈腿，但就是放不下，其實宇婷放不下的不是這個男人，而是沒安全感，她怕分開了，心碎怎麼辦？未來怎麼辦？這一切她不想面對。

但當她退而當小三，拉開了距離，反而能「看清楚」，加上心情輕鬆了，宇婷決定讓這段感情畫上停損點。所以戀愛就算打得火熱，兩人親密地保持距離真的很重要，萬一戀情出現問題，因為有距離，就較能有客觀的「眼睛」去檢視，**自然就會放下、離開不好的感情對象，最怕看不清對方是垃圾，並且讓垃圾塞滿你的心，讓心也變重了。**

戀愛絕不是全部，「看輕」很重要

善良的女孩，太容易全盤付出、掏心掏肺，一切以對方為主，簡直是戀愛裡的通病，就像宇婷為了愛沒了自己，但對方會更愛她嗎？沒有！反而是當她成為了小三，卻變得更搶手，宇婷想想也覺得挺可悲的。

談戀愛像蹺蹺板，一上一下是戀愛的樂趣，但永遠只有一邊高、一邊低，那就叫做失衡，這實在是在感情關係中的大忌。**談戀愛很美好，但還不值得放棄其他的一切，保有自己的交友圈、維持自己的興趣，一樣重要，千萬別為了愛情這棵樹，放棄了整片森林，把愛情「看輕」一點，是你保護自己的好方法，也是讓感情能夠更長遠的訣竅。**

我們都希望戀情安穩甜蜜又長久，當你看清&看輕時，自然能趨吉避凶遠離渣男或是根本不合拍的對象，還有，記得維持個體的完整性，這真的比你想像的重要，別忘了在愛裡「保有自己」！

#**抓姦：**俗稱抓猴，需要精確蒐證，一舉攻破「羶男腥女」。經典造詞為「抓姦在床」（也可能在車上或草堆啦）。

#**查勤：**強迫症的一種。狂摳（手機）猛送（訊息）三千次，美其名是關心對方人身安全，實則在兼差當柯南。

男人出軌，為何有了新歡卻不忘舊愛？

Tim和蕾蕾交往三年，女方溫柔貼心是公認的「好好女友」，但該說愛情來的時候擋不住嗎？因為前陣子Tim劈腿了同辦公室的同事，他原本想腳踏兩條船，但被抓包後沒想到蕾蕾堅決要分手，Tim想說反正有了新歡，雖然遺憾但分手就分手吧。

俗話說，有了新歡就忘了舊愛，但對於Tim來說，顯然不是這樣的情況，因為他腦中時時浮現前女友的身影。有天Tim找了好兄弟阿文出去喝一杯，也把自己的真實感想和盤托出……

「你幹嘛還忘不了蕾蕾？難道是餘情未了，還是懷念兩人的溫存啊？」阿文露出賊笑。

「吼，你不知道伺候新女友，等於談戀愛的『步驟』又要一切重來，很累人的！」Tim又一口氣喝了半杯酒。

「老實說，你新女友比蕾蕾身材更火辣，你不要身在福中不知福了。」阿文說。

「但是蕾蕾個性更溫柔，而且說實在的，她對我真不錯，都是她照顧我，哪像現在是我要『伺候』公主？」Tim繼續抱怨。

「所以說，你還是比較愛蕾蕾？」阿文問。

「好像也不是說多愛，就是一種習慣吧。聽說蕾蕾跟我分手後，一直很傷心……」Tim一飲而盡。

過了半年，Tim輾轉知道蕾蕾交了新男友，對象還是個外商公司的高階主管，他簡直感覺要瘋了！但當初Tim劈腿後，他早被EX封鎖兼刪除，得知蕾蕾又談戀愛了，Tim直接打電話給她，卻永遠沒人接。Tim竟然直接跑去蕾蕾的租屋處樓下堵她，他劈頭第一句是：「你為什麼要交男朋友？」

沒想到這個舉動把蕾蕾嚇壞了，看到他一付凶神惡煞又帶著難過的表情，她直接推開Tim，趕緊衝進家門，心想這人有毛病嗎？

難道這是愛嗎？

你覺得 Tim 的舉動是為什麼？是還愛 EX ？還是他又在盤算什麼？其實為什麼男人有了新歡卻不忘舊愛，就是簡單的兩種心態。

- **喜歡「算計」愛情：**有一種男人，心裡很愛算計，他把戀愛當成「經濟市場」，在這段戀情中，他要付出多少？回收多少？這才叫划算！當精蟲衝腦時，當然是先上了再說，但等回到現實生活中，這種男人很容易把前、後任做比較。因為他總是在算，在感情中怎樣才會 CP 值高，還覺得理所當然，當新歡讓他開始覺得有不划算的 FU 時，他甚至會過度放大前任的好，因此有了新歡還是無法忘舊愛，更低級的男人，甚至會直接跟現任說：「以前我女友都……你難道不可以這樣嗎？」

- **貪婪、占有慾作祟：**就如同 Tim 竟然跑去質問蕾蕾：「你為什麼要交男朋友？」這絕對不是愛，因為這叫不甘心。Tim 覺得就算自己劈腿，但蕾蕾還是他的！而且分手之後，蕾蕾不是還很傷心難過？憑什麼轉頭竟然又交了一個新男友，這種男人心裡只覺得「自己的地盤、自己的東西被別人占領了！這怎麼可以？」所以才出現去堵前女友的荒謬舉動，但當初不是你選擇了別的女人嗎？在貪婪跟占有慾作祟時，哪顧得到這些，因為他只想到自己！

所以女孩們，當你發現男人有了新歡卻忘不了舊愛時，如果你是那舊愛，很恭喜你已經分手了！

但萬一不幸，你總是得跟前任影子競爭時，這將是一場難打的硬仗，有句歌詞是「舊愛還是最美」，千萬別傻傻以為有一天你會贏。趁早結束這一回合吧，認清人性然後離開，這不叫自私，而是叫懂得保護自己，人生已經夠苦了，千萬別再為難自己！

男人劈腿不看時辰！媽媽過世竟轉頭撩妹？

「我媽過世了！」敬廷哭著打給女友珊珊。

毫無預警地，突發性心肌梗塞讓敬廷的媽媽在睡夢中走了，珊珊聽到這個消息簡直不敢相信。珊珊跟敬廷是同事，交往快三年了，雖然過程中敬廷兩次意圖劈腿，但敬廷媽媽生前，就把她當成未過門的媳婦來看，珊珊跟他家很親，所以無緣的婆婆過世了，她的難過不在話下。

就因為珊珊只差沒過門，也為了安慰敬廷，她全力協助辦理後事，聯絡做法事、幫忙處理告別式、還有一些法律上的問題，都是珊珊主動幫忙去諮詢；因此時常請假，珊珊的媽媽也頗有微詞，總覺得女兒插手太多不太好，珊珊卻跟自己的媽媽說：「不要這麼計較啦！」因為，面對心碎的男友，珊珊希望多分擔一些，也讓男友好過一點，因為除了給依靠跟幫忙，她也無能為力。

「你記得要吃東西喔，晚上要真的睡不好，就吞一點褪黑激素吧！」睡前珊珊傳了 LINE 給敬廷。

「好，我知道，你也早點休息吧！」敬廷回傳。

時間過去一個月了，敬廷媽媽的後事也告一段落。有天晚上珊珊接到了隔壁部門同事 Ivy 的 LINE，對方希望約她明天聊聊，但兩人其實也沒有什麼業務往來，充其量只是打打招呼的交情，珊珊搞不清楚 Ivy 要聊什麼。

「好，我開門見山的說，你男朋友在追我！」Ivy 單刀直入地說。

「你……你在說什麼？我不懂你的意思！」珊珊有點嚇到了。

「我知道你們交往好一陣子了，我也覺得你人很好，而且站在同為女生的立場，我覺得這件事情應該讓你知道！」Ivy 說。

「我還是不明白，我們最近都很好啊，除了前陣子他媽媽過世，敬廷心情很差……他怎麼可能去追你？哪有時間？」珊珊開始自言自語。

「你知道嗎？陳敬廷就是趁晚上的時候，一直傳 LINE 給我，對我表達好感，那段時間，就是他在處理媽媽喪事的時候！」Ivy 補充說明。

「但那時他心情很差，吃不好睡不好，怎麼可能？」珊珊開始慌了。

「他就是跟我說，他媽走了，他好難過，希望我陪他說說話，我剛開始沒想太多，但後來越來越覺得怪，反問他『你不是有女友嗎？』結果這位陳先生竟然說，他對你只剩習慣，是因為他媽的緣故，所以才不好說分手。」Ivy 開始幫珊珊抱不平，而且男方的這種行為，也讓 Ivy 看不下去，所以她覺得必須讓珊珊知情，免得女友成了傻瓜。

得知真相，珊珊的震撼難以形容，原來當他陪著男友傷心，還盡心盡力協助處理後事的時候，男友竟然還有心思去撩妹，而且人家都說兔子不吃窩邊草，這男人竟然膽子大到還找同事下手，珊珊在心裡吶喊：「到底把我放在哪？」

直到這個時候，珊珊才終於覺悟，一直以來，她以為只要對方的家人接受他，她自然就有勝算，即使面對層層外敵、種種考驗，但她都覺得自己可以挺過去！只是沒想到的是：**「劈腿，是一種天性，真要劈腿不會特別看時辰！」**

男友面對至親離世，竟然還能有心思以此為藉口去外面把妹，珊珊決定去攤牌，讓男友知道真相已經被揭發了！你猜敬廷怎麼回答？

「我之前真的是太傷心了，所以想要轉移一下我的情緒而已，你不要想得這麼嚴重啦！」敬廷說得振振有詞。

「啪！」一聲，珊珊狠狠地賞了「前」男友一巴掌，這一巴掌除了是憤怒，更是狠狠打醒自己，在感情中，忍讓不會翻身、犧牲不一定有結果。

切記，**當男人心不在你身上時，就算用鐵鍊綁住都沒用！**

婆婆：媳婦的天敵，通常能閃多遠就多遠。易造成夫妻失和、教養糾紛的最大推手，但如果前八輩子燒好香，婆婆可能變成媽。

媳婦：婆婆的情敵，通常被看不順眼、被碎念為常態。若太「衰小」還會被「苦毒」，古語有云：多年媳婦熬成婆，顯見此一身分之艱辛。

男友劈腿，女友約砲報復！女孩，你過得幸福，這樣才是最好的復仇！

自從發現男友傑夫劈腿，還「上」了其他女生後，語彤除了難過，她滿腦子充斥的情緒是「他憑什麼？」因為她覺得自己條件也不差。但語彤不要分手，因為不想便宜了傑夫，但傑夫一副無所謂，反正左擁右抱不吃虧的樣子，讓語彤滿腔怒火，她決定報復傑夫，讓他體會一下什麼叫做戴綠帽的滋味。

「男，二十五歲，你呢？」
「女，二十三歲。」
「這位妹妹你住哪？」
「台北……」
「要『色』嗎？」
「先交換LINE吧！」

這年頭要在網路上透過交友軟體

約砲，真的比你想像得容易，尤其女生只要主動，真的不愁找不到對象，很快地，語彤找了一個還算聊得來，長相也不差的男網友去「色」一下，還不忘拍了張自己修長雙腿搭在床邊的情境照，出了 Motel 後，語彤得意地把這張照片 LINE 給了傑夫。

「你猜我在哪？一個燈光美、氣氛佳的地方喔！」

「啊，剛剛真是開心，沒想到一夜情是這種感覺啊……」

「你以為只有你會玩？你搞清楚，老娘也不是沒人要！」

「有沒有覺得綠光罩頂啊？哈哈哈！」

「沒關係啊，你讓我不好過，我就要讓你嘗嘗一樣的滋味，這就叫報應！」

語彤在 LINE 的對話框，用力地敲下一連串的字句，滿腔的怒火，彷彿都因為她去找男人一夜情，得到了一種報復的痛快；但三十分鐘過去了，三小時過去了，傑夫從未讀，變成了已讀不回。

傑夫的反應讓語彤更火大，後來她直接打電話過去破口大罵，傑夫只淡淡說了句：「你開心就好。」語彤回嗆：「好啊，你覺得無所謂嗎？我還可以做更猛的！」

語彤用了最激烈的方式，拿自己的身體做為報復的工具，老實說，如果你能真的是為了 for fun，是為了讓自己開心，那也是你的自由，但若只為了報復，真的很不值。就如同語形一般，太多女生為了報復，對方怎麼做，她就做一樣的事，這不叫反將一軍，這叫笨！

為了解氣，女孩很容易急忙找另尋男人、投入下一段戀情，昭告自己也是很有身價的，這些舉動是為了尋找安全感、為了不讓人「看衰小」、為了報復男人，但可悲的是，這樣的行為模式，實際上只會感到更空虛！

準備報復以前，請務必先釐清三件事

- **在愛情市場中，永遠要記得，你就是一個最有價值的商品。**你是很珍貴的，沒有任何事情、任何人，值得你去犧牲自己，我懂一口氣嚥不下去的感覺，但我必須殘忍地說，當你氣到抓狂，甚至做出所謂的報復行動，可是對方真的沒有感覺，因為當愛已不在時，一切都是多餘。

- **愛情最重要的，叫做找到對的人。**你為什麼要向不值得的人證明什麼呢？生活過得更好，是為了自己，找尋下一段真愛，才是重點！很多時候的不放手，其實是不甘心，但明知對方是錯的，卻苦苦糾纏、希望討個公道，但大部分的狀況你真的要不到。可是這一點都不重要，因為當你有了金城武，誰還會在乎二百五呢！

・**愛情需要時間來醞釀，時間是很珍貴的**。投資有賺有賠，談戀愛也是一樣，認賠殺出不丟人，這叫識時務者為俊傑，與其胡攪蠻纏，不如花時間在別的地方。不要用別人的錯誤，來懲罰自己，記得「給時間一點時間」，傷痛難免但恢復只能靠自己。**如果你真的想「加倍奉還」，最好的報復就是，你過得很幸福，幸福到再也想不起他。**

#戴綠帽：一種女性主導的時尚風格。通常綠帽這項單品，皆由女性餽贈，男性被迫展示，走秀背景音樂請下：〈綠光〉。

為什麼劈腿的男人，總是找一些會裝可憐的女人？

連續劇裡總是會上演，酒家女裝可憐，對著不同的客人，講著一樣的故事，約莫都是：「家裡有得癌症的媽媽、還在讀書的妹妹，她現在真的好需要錢照顧家裡。」然後一邊說一邊掉著眼淚，所謂的恩客就掏出錢來幫忙這個孤苦無依的酒家女，然後框出場。

這樣的劇情Eva看很多，但她萬萬沒想到，有一天類似的劇情竟然真實上演在她身上。Eva和男友大權交往五年了，Eva個性獨立與大權的相處不走激情路線，但兩人已有論及婚嫁的共識，沒想到大權最近竟然提出分手，原因是大權說他愛上了公司女同事可柔。

新來的可柔是個未婚媽媽，可柔因為經濟狀況不好，多次私下跟大權借錢，但她都會這個月中借、下個月初還，也算有信用，大權覺得一個女生帶著孩子出來走跳很辛苦，就會特別照顧跟關懷。可柔即使知道大權有女友，但她不在乎，沒想到關照著關照著，就關照到床上去了……

「我覺得可柔比較需要我！」大權跟 Eva 坦白的說。

「你這是什麼意思？我能力好、會照顧自己就活該嗎？」Eva 氣到發抖。

「你有一份好工作，未來找其他男生也不難，但是可柔只有我了！」大權越說越理直氣壯。

「你這是什麼爛理由？你喜新厭舊才是真的吧！」Eva 忍不住怒吼還翻了好幾圈白眼。

Eva 想不明白，為什麼這種愛裝可憐的女人，最後彷彿都成了贏家，而好手好腳、自立自強還很識大體的女性，竟然被判出局？其實突破這兩點男性邏輯，就一點都不足為奇了。

男人喜歡當老大

男人都愛裝老大，感覺自己很威風，如果只能動動嘴巴，或是做一些不會太累、不超出負擔的事，卻可以贏得其他女人的崇拜，這簡直是一門太划算的生意。

如果這時候外面的女生再主動貼過來，就算他早就有對象，「男人暈船」就非常容易，自己可以逞威風，能讓女人覺得超愛他。像大權還算有點良心，因為他勇敢去提分手，太多的男人就是劈了再說，左擁右抱好不快活。

「她很可憐」是男人心虛的出口

就如同大權說的，外面的小三好可憐，真的好需要他。其實在這種情境裡，這些男人可能都不自覺，所謂對方的可憐跟劣勢，其實都只是讓自己劈腿的藉口。進一步來說，這也是他紓解自己劈腿產生罪惡感的出口，因為對方太慘，我跟她在一起是解救她，大家都知道，劈腿不應該，但都劈下去了怎麼辦？把對方的可憐跟需要當成擋箭牌，這樣就能降低自己劈腿的過意不去，甚至理直氣壯。

所以認清這兩點，彷彿演戲般的光怪陸離的劈腿理由，也能突破盲腸讓自己豁然開朗。至於劈腿男這麼愛當英雄，就讓他去吧。

請你大聲說出「給我滾」這三個字，是你維護尊嚴的最棒台詞！

女人為什麼容易原諒劈腿男？

分辨渣男要注意這五點

劈腿男，最厲害的一件事就是：甜言蜜語一把罩，他總是把女人哄得超開心，如果有門課叫做「說話的藝術」，劈腿男絕對能榮登紅牌講師。沒有女人能容忍被劈腿，但是劈腿男很會危機處理，其中的奧妙就是「這時該怎麼說話」了。

比如，你不追問細節，劈腿男絕對不主動提；然後超會拐彎抹角轉移焦點，你問東他講西，再端出一個大道理把女伴哄得一愣一愣。總之，坦白絕對不是美德，劈腿男向來只挑重點說，而且絕對不吝於表達對女生的愛意，即使犯錯被抓，只要男人一直說：「我最愛的只有你」，女人就太容易心軟原諒他了。

女性該怎麼「趨吉避凶」？

劈腿男擁有迷人、貼心的特質，太容易被他吸引，但談戀愛時，女人千萬別盲了眼睛、瞎了心眼，萬一你交到了劈腿男，通常他們會出現以下「症頭」，只要多點留意，就能趨吉避凶保平安。

・**態度忽冷忽熱：**追求時超火熱，巴不得時時黏著你，可是一旦把上手，突然像是寒流來了一般，對你的熱度直線下降，當你生氣不滿之後，好像又會回溫一點。總之，就是出現一種「內分泌失調」的節奏，讓你超不舒服。

・**莫名的找不到人：**今天說我要加班、明天說我要應酬，或者打手機找他，根本就關機了，這時候女人的警報系統就該閃紅燈，通常你追問，很容易發現他牛頭不對馬嘴，或是說謊的蛛絲馬跡。當然你傳LINE給他時，也會發現理你的頻率降低，回應越來越少了。

・**開始遲到、刻意躲開你：**跟你有約，開始遲到的頻率變多，這就是一種警訊。還有跟你在一起時，電話響了、LINE訊息傳來時，他一定藉故躲開才去回，總之就是有一種態度不大方的感覺出現時，請格外留意。

・不讓你接觸他的生活圈：所謂愛屋及烏，大家的朋友圈很容易彼此互相認識，出來吃飯、出遊都很正常，但如果你總是不知道對方有什麼朋友，他也不把你帶出場，這種通常是怕走漏風聲，萬一被你或被他朋友知道他腳踏多船，所以拉出一條封鎖線，你很難踏進雷池一步。

・避免談未來：女人最喜歡跟男朋友一起去逛 IKEA，然後幻想未來的說：「以後如果我們結婚，我希望家裡買張貴妃椅，一起躺在沙發上看電視好浪漫喔，你說呢？」這時他一定顧左右而言他，不會想跟你繼續討論，關於未來，這個議題太遙遠，給承諾，真的好沉重。

碰到劈腿男，實在是很傷的一件事！而且女人真的很容易心軟就原諒了這些劈腿男，記得，萬一你抓包他外遇，劈腿男經典三句台詞一定是：**「我最愛的是你啊！」「給我一點時間！」「我會處理好的！」**千萬別相信，**趁早認賠殺出，才是上上之策啊！**

劈腿男三句經典台詞！假愛之名只為掩飾管不住的「小頭」

「寶貝，我來接你去看電影啊，半小時後到。」掛了阿凱的電話，安柏站起來跟隔壁同事說：「客戶打電話來，我出去處理一下！」其實「我來接你看電影」這句話，是阿凱跟安柏的暗號，阿凱人肉快遞送上門，目的地才不是華納威秀，而是隔壁的Motel。

三十五歲的安柏是一位超級業務員，長得美又幹練，穿著打扮更是時髦，大家都覺得是她的眼光太高才會一直單身。原來，安柏有一個男朋友，只是不能見光。為什麼這麼神祕呢？因為三個月前，安柏不小心當上了別人的第三者。

意外成小三，劈腿男靠三句台詞哄女人

一個應酬場合，阿凱跟安柏相遇。阿凱是一家新創公司的老闆，好能力業界出名，桀敖不馴的氣質、社交手腕一流，他一見安柏就強力追求！他知道安柏有本事、很會賺錢，所以他走貼心路線，永遠把愛放嘴邊，成功擄獲她的芳心。只是安柏不知道，阿凱早已有一個同居一年的女朋友了！

世界很小，一次偶然，安柏發現她竟成了小三，她生氣的找阿凱攤牌：「你跟我上床，這樣我算什麼？」「我是真的愛你啊！寶貝，對不起！你再給我一點時間。」「為了你，我絕對不會『碰』我女朋友的！我會分手，證明我對你的愛！」阿凱講得很真心，被蒙了眼的安柏，正如同許多的女人一樣，一次又一次的給對方機會，欺騙著自己，一切都會好的。但安柏漸漸發現，有三句話根本是阿凱的口頭禪：「我最愛的是你啊！」「給我一點時間！」「我會處理好的！」來來去去都一樣，她真的聽膩了！

難道愛能用錢來衡量嗎？

三個月過去了，安柏發現她跟阿凱的狀況絲毫沒改變，除了床事很合之外，生活裡見不了光的日子，太痛苦了，安柏感受不到阿凱所謂的愛。「我要香奈兒的

COCO包，你買給我！」其實根本不缺名牌包的安柏，卻開口跟阿凱要禮物了！沒想到阿凱推三阻四毫無意願刷卡買單，只說：「我們的愛可以用禮物來衡量嗎？」這話讓安柏一時語塞，這個男人轉移焦點的功力真是一流。

但沒有安全感的安柏，還是繼續開口要禮物，阿凱為了安撫她，送上香水、新衣服、項鍊，安柏的同事都讚嘆這些新行頭超美，但每次的稱讚都只是再次提醒自己：「你是個見不得光的小三」，禮物可以填補空虛的心嗎？沒有！而她最想要的愛，還是不純粹。

但妙的是，要價不斐的香奈兒包始終沒有收到。有天安柏出去見客戶，竟然看到阿凱牽著女秘書有說有笑，女秘書身上背的，就是那個COCO包。為了哄新歡，阿凱大方了，安柏頓時覺得自己被貶得好低……

劈腿男不懂，真愛不是掛嘴邊

沒隔幾小時，阿凱又來電約安柏看電影，安柏走出辦公室上了車，天氣很熱，坐在駕駛座的阿凱拿起紙巾擦汗，安柏只說：「該擦的不是你的臉，該擦的是你的心，我們分手吧！」阿凱焦急的又重複說著劈腿男必備的經典三句台詞，希望挽回安柏。

「別用愛來當藉口，大家都幾歲了，你不如直接說『我就是來找砲友的』，這樣還乾脆一點，假愛之名，包裝你那管不住的小頭，何必！」鐵了心的安柏轉身開了車門就走。此時，阿凱按下車窗，只追問了一句：「那我們還可以當朋友嗎？」

安柏終於想透，愛是什麼？愛不是口頭上說幾百次我最愛你，愛是一種安全感，沒有一個劈腿的人，會先結束一段關係之後再去腳踏兩船的，去期待他主動結束與其他女人的關係，投奔自己的懷抱，真的只是好傻好天真。劈腿是一種慣性，很難戒，他想求新鮮、填補空虛、享受刺激、貪圖性愛。安柏慶幸自己只浪費了三個月，跟他演了這場「小三奇遇記」。

原來，需要太用力的愛，很難長久。

老公外遇為什麼不離婚？你必須知道男人的五種心態

「我們離婚吧！小孩我都要帶走！」秀婷終於下定決心，要跟外遇的老公傑米做個了斷，沒想到傑米說什麼都不願意！接下來的好幾個月，只要一談到離婚這件事情，傑米就開始閃躲，不肯正面回應。此時的秀婷一度安慰自己，「難道是因為老公還愛我嗎？」

很多男人外遇後，卻還維持跟太太法律上的「夫妻名分」，女人真是想不明白，「既然你人也跑了，心也不在了，為什麼還不能放過我？」

我要來幫女性突破盲腸，告訴你男人不離婚的原因，他們的腦袋裡到底在想什麼？

女人不懂，為什麼男人不肯放手？

・**為了孩子維持假象，逃避歉疚感**：必須說，很多先生不愛太太了，但不代表他也不愛孩子。很多媽媽會為了孩子不離婚，把委屈吞下去，那爸爸呢？反過來講，當太太執意離婚，甚至說要把孩子帶在身邊一起走時，做爸爸的還是會有愧疚感，為了給孩子一個「完整家庭」的假象，甚至會用金錢、禮物這些方式來「彌補小孩」。或者也只是為了降低對孩子的虧欠，不離婚、不想面對，是男人的一種逃避。

・**習慣很難改，家政婦好好用**：男人其實很懶，正所謂「習慣成自然」，他把無窮的「創意跟動力」都給了外面的野花，回過頭來望著正宮，就會覺得好像也沒差，一種「擺著不吃虧」的概念，但是太太這時竟然主動提離婚，根本是打亂他所有的布局，這怎麼可以？尤其如果這個太太又是賢妻良母型，灑掃庭除井井有條，孩子更是照顧得頭好壯壯，外加還會伺候公婆，根本堪稱「天上掉下來的家政婦」，試問哪個男人捨得放掉？我在外面花，你在內顧家，這種黃臉婆簡直是太完美了。不離婚、貪便宜，是男人的一種不要臉。

．**離婚要代價，談錢傷荷包：**談到離婚，除了牽扯到孩子外，雙方可能最在乎的點就是「財產分配」。如果當男方的經濟能力高於女方，高越多的話，越會在乎「離這場婚到底要花多少錢？」婚後買的房子，一人分一半；兩人剩餘資產差額，一人分一半……要是被老婆抓姦在床，老婆拿這個掐住喉嚨來討錢，天啊，不管怎麼算，男人都會覺得很吃虧！我不過就是找別的女人罷了，有必要付出這麼高的代價嗎？不離婚、不掏錢，是男人的一種精打細算。

．**左擁右抱不吃虧，自私的人最大：**大男人三妻四妾算什麼？左擁右抱有什麼關係？即使家裡的老婆他沒「性趣」沒關係，外面的女人打得火熱就好。更血淋淋地說，如果這男人是個玩咖，外面這些野花他真的只是想玩玩，享受豔遇、戀愛的感覺，一個女人換過一個女人，但就是不想負責任。婚外情要是不被發現最棒，萬一被抓包，他也不會離婚把小三娶回家的！不是因為他很愛正宮，更不是因為小三條件不優，而是離婚太麻煩，說不定還要付贍養費，不離婚，是男人骨子裡的自私。

・面子往哪擱？自尊心作祟：男人最愛什麼？就是「面子」！當家裡的老婆竟然開口說要離婚，他是真的沒辦法接受，平常乖巧好使喚、逆來順受的這個女人，膽敢主動求去。尤其對於一個控制慾強的人來講，這簡直是一大打擊，根本是把他的面子放哪去？怎麼會有你不要他的那一天，要開口應該也是老子講，怎麼會輪到你來嫌棄我？不離婚，是男人的一種自尊心作祟。

老公偷腥卻不離婚，女人自保：錢最實際

說到底，只要亂搞、不願離婚的男人，外遇不過是生活的調劑品，真的要跟正宮「切了」，隱形成本、實際損失都不合算。但萬一碰到這種男人，到底該怎麼辦？很多傻女人都會騙自己，「是不是老公還愛著我？」絕對不是！說到底也就是上述這五種心態罷了。

但不管太太還要不要這個婚姻，女人的態度上都必須「決絕」一點，不要在他的面前表現出自己的擔憂跟懦弱，必須要有「即使離婚，我一樣可以過得很好」的氣魄，否則，男人的得寸進尺超乎你的想像。

最後，有句日劇台詞是這樣說的：「離婚，是正在通往幸福的路上，因為不管結婚還是離婚的目的，都是為了幸福。」如果真的走上離婚這條道路，請記得「錢

才是最實際的」，因為所謂的贍養費，就是為你接下來的幸福買個保險，女人啊，記得爭取你該要的，千萬別怕麻煩或再心軟了！

#黃臉婆：別名糟糠妻，常用來形容正宮。意指不修邊幅、臉色蠟黃，但不見得是事實。男人搞外遇常說：「千錯萬錯都是黃臉婆的錯」。

該跟EX復合嗎？想完這四個問題，你就有答案了！

分手，總是讓人難過。當兩人關係畫下句點時，很多人總是期待復合的那一天！但你有想過，復合這條路真的好嗎？還是這只是一種「不甘心」罷了？

復合前，認真思考四個問題

當前男友／女友真的回心轉意，來找你復合時，到底該馬上點頭答應，還是再等等呢？這個回頭草究竟該不該吃？

身為情場過來人，我來提供大家四個面向，不妨自己先認真想一想，重點是：請誠實面對自己的心喔！

・**當初分手的理由，未來可解決嗎：**這個是最重要的一題！大部分分手的原因，可能是因為對方劈腿，那你就該想清楚，他是慣犯嗎？還是有什麼其他因素？但通常劈腿很容易有一就有二，面對這種不確定性的未來，你要是決定賭一把，建議先做好再度受傷的心理準備。如果你們分手的原因，是個性不合？還是經濟因素？或者是你媽不愛他、他爸不滿意你？請務必想清楚，當初分手的理由，未來是可以被解決的嗎？如果不行，建議別復合了吧，否則分手結局只會一再輪迴，何必這麼折磨呢？

・**復合之後，其他人的說法可以不在乎嗎：**如果你想復合，不妨先問問身邊好友甚至是親人的看法，有時候自己腦袋不清楚，別人看得可明白了，或許他們可以給你「中肯的建議」。另一方面，人是一種超容易「被外界影響」的動物！如果你真的復合了，面對外界的聲浪，不管是質疑、訕笑、輕視，或是直接罵你蠢，你是否有強大的心理素質，面對愛情還是能勇往直前？世界上太多因為「外人評論」最後又分手的故事，翻翻影劇版就知道了！

・**是不甘心、依賴還是真的愛：**這個問題，只有自己最清楚！很多所謂的愛，都只是幌子，是一種包裝過的檯面理由。在那個包裝之下，其實是不甘心，抑或是依賴感，到底什麼是真實？請務必把自己的心層層剝開，才能知道理由。再來，對方要求復合，你可能覺得是一種勝利，代表：「看吧，你沒有我不行吧！」但這個一點都不重要，重點應該是：「你有更好的選擇嗎？」是不是因為現在沒有其他對象，心裡有一種莫名擔心，所以想著要是能「資源回收」也是不錯的，但這種想法與行為只是因為你沒有安全感而已。

- **你可以閉嘴，不翻舊帳嗎：**最後一點就是，你管得住自己的嘴嗎？相信我，這件事情真的比你想像中的難很多！如果你可以接受當初他劈腿、他欠很多債、或者是你的家人不愛他……不管是哪一種理由，你千萬不能動不動就翻舊帳。因為翻舊帳是一種很無謂的行為，它對於重建修補兩人的關係，一點好處都沒有，很多夫妻曾因為另一方外遇，彼此關係有了裂痕卻能安然度過，靠著就是「不吭聲」，最後破鏡重圓，我看過很多這樣的故事，所以往事絕對不要重提。請問問自己，你真的做得到嗎？

當然在生活中也有許多人分手後又成功復合，甚至是步入禮堂，孩子都生好幾個了。所以聰明的女孩，到底該不該跟EX復合呢？想完上述這四個問題，並且誠實的面對自己以及現實後，相信你就會有答案了！

#**回頭草：**一種很念舊的生物。放不下、捨不去，吐掉了又吞回去，絕不是匹好馬，老師音樂請下〈舊愛還是最美〉。

所有女孩都要學會的四個分手智慧：如何優雅的轉頭走

「我們分手吧！」叮咚一聲，LINE 傳來這簡單的一句話，宣告 Tina 與 Jack 的戀情走向終點。

Tina 不能接受一年多的感情到此結束，她傳的訊息對方已讀不回，瘋狂的打電話給 Jack，卻永遠沒人接，Tina 放低姿態，還透過兩人的朋友傳話，說只要 Jack 回頭，她可以改，什麼都可以改！

別挽回！四件事情要記得

很多女孩在面對「被分手」時，第一時間一定就是想盡辦法挽回，這也許是愛，也許是習慣，但更有可能的是：這些行為其實只是骨子裡的「不甘心」罷了！所以當面對分手這個課題時，女孩們需要學到以下的智慧，才能讓你好過，更能讓你接下來的日子，可以好好過！

・**千萬不要勉強自己**：女孩太容易因為談戀愛，就變得沒有自己，凡事將就對方，連分手時也是勉強自己，用條件交換的方式，希望對方可以回頭。但是勉強只能一時，卻無法長久，千萬別因為一段戀情的結束，勉強地改變自己，因為不值得。

・**學會優雅地轉頭走**：男人提分手，最怕女人死纏爛打，一旦女方出現這種行為，就算分手是男方不對，都可能被人解讀為：「你看這女人真是『盧小小』吧，太恐怖了，我怎能不跟她分手？」因此學會優雅地轉頭走，是幫自己留點尊嚴，更是一種女子的氣魄，失戀雖然痛，但這些過程都是有意義的，總有一天，你會感謝自己的勇敢。

・**口不出惡言**：感情是兩個人的事，不需要口出惡言、四處抱怨，看似像是一種報復，實則每說一次，卻是提醒自己分手有多痛，是對自己的又一次傷害。而且你們兩個人不適合，不代表別人不適合，學會控制自己的嘴，這是一種成長，而且分手不出惡言，這代表你的修養。

．放下無謂的執著：分手後，很多女孩會一直回想著：當初的美好、曾經付出過的感情、被背叛的痛苦……這些都叫做「執著」，而且是不必要的。因為當你持續糾結於過去，一段不可能改變的感情，「放不下」苦的不是對方，而是你自己！人生很長，要學會放過自己，有時候分手教你的一件事，叫做「放下」。

戀愛是一種練習，分手更是！學會怎麼面對分手，是人生很重要的一課，因為學會面對挫折、面對打擊，不是一件簡單的事，但只要依舊能維持自己的亮麗、勇敢的往前走，分手只是一個過程，它會讓你未來，能得到真正幸福的養分。因為，老天總有安排，離開錯的人，才能和對的相逢！

Chapter *5*

閨蜜和你想的不一樣

女孩們總有一個或幾個無話不談的好友，
一起哭笑、分享生活，但怎麼開始覺得疲憊有壓力，
甚至反目成仇？這樣還算是閨蜜嗎？

閨蜜也有賞味期限？人生要懂得放過自己，友情也是

「怎麼辦？明天要期末考，都沒念書完蛋了！」阿真慌張的跟同班死黨小蘭求助，小蘭把整理好的複習筆記拿給阿真，跟她說：「別擔心，我罩你！」

「吼，當初幹嘛挑這個男朋友啦，叫他每天來接送我，他竟然不願意還跟我分手……早知道跟那個富二代在一起了！」阿真一邊喝著酒一邊大哭，小蘭拍著她的肩說：「別難過了，富二代也不見得好啊，我們女生還是獨立一點比較好啦！」

「你知道我老闆有多過分嗎？我只不過遲到一小時，他竟然在會議時點名我！吼，我出門就是要先化個妝，上個電捲，我是公司的門面耶，

難道老闆會希望我這個當秘書的，每天跟鬼一樣的去上班嗎？」阿真一肚子氣的打LINE狂抱怨，這時的小蘭白眼忍不住翻了好幾圈。

開始對閨蜜翻白眼？友誼的關鍵在價值觀一致

阿真跟小蘭是大學死黨，一直到出了社會，阿真還是把小蘭當垃圾桶，小蘭卻覺得她跟阿真的價值觀越差越大……阿真想聽的不是建議，也不是安慰，只是單純發洩罷了。

許多人年輕的時候覺得所謂的閨蜜，就是要義氣相挺，當姊妹淘難過時，當然要跳出來陪她開罵出氣外加喝兩杯。但當大家年紀漸長，從學生時代邁入職場，甚至進入婚姻後，每個人的煩惱都變多了，大家都各自忙著自己的人生課題。

所謂「家家有本難念的經、人人都有過不去的業障」，但每個人所謂的業障，不都是自己人生的功課嗎？姊妹淘能給的，除了建議，更多時候是一種陪伴感跟支持感。當好朋友、閨蜜一同走過了一段歲月，但到了某些時刻，各自人生觀、價值觀產生分歧時，就像同床異夢的夫妻一樣，只剩軀殼。閨蜜要能走得長久，這個前提是彼此必須「價值觀一致」。

但女生很容易因為重感情又心軟，所以勉強自己維持過去的友誼，可我想說的是，友情其實也有保存期限，當沒有辦法一起在這個友情撲滿裡，存入彼此的關心跟在乎，這段朋友關係是很難延續的。

情緒很珍貴！別浪費在不對的朋友身上

人生要煩惱的事情，真的已經夠多了，如果有任何人事物造成了你極大的負擔，甚至影響你的心情，請記得，不要浪費自己的情緒在不對的人身上，因為情緒是很珍貴的。

把友情畫上句點，並不代表你無情，這其實是一種必要，因為人生要懂得放過自己，友情也是！

當好友變情敵！閨蜜跟我愛上同一個人，真的好虐心

因為喜歡同一類音樂、喜歡一起唱歌、不管天南地北什麼都很好聊，因此成了閨蜜。但如果兩人愛上同一個男人？「登愣！」到底該怎麼抉擇？這種劇碼其實在真實生活中很常上演，畢竟能當好友，某種程度眼光也是挺一致的，萬一出現這種難題，到底該放棄？還是堅持？

小娜和朵兒最近就面臨這樣的狀況，上次兩人一塊去聯誼時，小娜對開朗活潑的阿智大有好感，但小娜害羞因此叫朵兒幫她牽線，看有沒有機會再出來玩，沒想到最後朵兒也看上了阿智，好姊妹因此翻臉……當好友變情敵，這種虐心戲簡直要人命，又該如何突破困境？

幸福的是我！覺得好歉疚……

若兩女相爭奪一男，你是最後的出線者，即使得到愛情，但心中一定會出現內疚感。如果閨蜜友誼因此破裂，你彷彿成了見色棄友的婊子，也很擔心不知道背後被說成多難聽？

但人生原本就是不斷的在選擇，你選擇你要的，或者被別人選擇而放棄，這都是人生的必然而已。如果閨蜜因此惱你、氣你，那是人性，挺應該的。而你就做你該做、能做的，撐過去後，友誼繼續，閨蜜總有一天能諒解。撐不過去，還被指責，也要學著一笑而過，畢竟日子是自己在過，不能總浮沉在別人的嘴裡。

我是輸家？不必當個可憐蟲

若你是退讓的一方，假設你能祝他們幸福，那是你很大器，如果無法勉強自己強顏歡笑也沒關係，但記得最重要的一件事，千萬別把自己搞成可憐蟲，談戀愛又不是在比賽，沒有所謂的贏家或輸家，正如前言所述，是一種選擇的結果罷了。

女孩很愛瞎擔心，得到愛情怕被人閒話，沒有得到又怕被人笑話，其實就算成了朋友圈一時討論的焦點，卻會因為你的態度，決定這個話題會延燒多久！你越是一副可憐兮兮的模樣，越給別人機會來腦補這場「雙姝對決」，但你該知道，你終究可以找到自己的 Mr. Right，更不需要在意旁人的目光。

愛情友情選邊站？請傾聽自己的心

愛情沒有讓不讓步這件事，某種程度愛情是自私的。當A女和B女愛上同一個男人，兩個女孩開始糾結上演腦內小劇場：「我要放棄嗎？」「對方是我的好朋友耶，我怎麼可以跟她搶男人？」「可是我真的好喜歡他喔！」說句殘忍一點的話，誰敢下手誰獲得愛情的機率高，以及也要看這個男人愛的是誰吧！

友情跟愛情，到底該選哪一邊？其實很簡單，如果你真的很愛這男人，即使一時退讓，但心裡絕對很不舒坦；如果真的很在乎閨蜜，想要和這男人在一起的慾望還能控制，那你自然會退讓。一切都要依你的心而定，所以面對這個抉擇時，請勇敢傾聽自己內心的聲音以及誠實地面對它。

閨蜜失戀，我成了「替代男友」？別傻了，你叫做「回音牆」

咪將最近分手了，閨蜜小雅就算上班忙到翻，也開了視窗陪咪將聊天兼開導，下班後陪唱歌紓壓、陪喝酒洩憤，還去首爾快閃，來一趟血拚療傷之旅。好不容易三個月過去了，咪將感覺好多了，小雅也幫好友開心，希望她趕快迎接下一段的幸福。

「小雅，晚上陪我去吃拉麵好不好？東區新開那間大家都說好吃！」

「小雅，我們公司那個Connie真的很討厭耶，請她幫個忙竟然給我臉色看。」

「小雅，你說我的書櫃，要買黑色還是咖啡色呢？」

「小雅，我今天下午茶吃了鬆餅，草莓好甜、好大喔！」

「小雅，我腳踏車鍊條掉了，你幫我牽去修理啦！」

「小雅，我最近想換手機，你幫我上網查哪買比較便宜？」

咪將都分手快半年了，但她每天「小雅小雅個不停」，不管幾點，想打電話就打，不管小雅有沒有在加班，只要LINE沒有馬上讀，咪將就瘋狂連發。弄到小雅最近聽到人家呼喚她的名字，都一陣發毛，看到LINE上面超多未讀的紅色數字，就覺得背脊發涼。

漸漸地，小雅發現咪將似乎把自己當成她的替代男友，每天大小屁事都交代的鉅細靡遺，還三不五時被CALL出來「坐檯」，小雅幾乎成了咪將的工具人，這一切讓小雅覺得好累……

更糟糕的是，每次咪將提出來的問題，小雅其實都很認真幫對方想，還提供建議，但她發覺咪將根本只是想找個對象說話、想要有人理她，以及有人陪，小雅說小雅的，咪將依然故我的任性。說句難聽點的，咪將根本把她當成了二十四小時自動回音牆！

閨蜜的義氣，不能被濫用

說到失戀分手，女孩間有一種「閨蜜的義氣」，陪她共度難過時期、陪著她罵爛男人，只要能做什麼讓對方開心，閨蜜絕不廢話。但很多女生卻搞錯了，把閨蜜當成了「情感轉移」的出口，搞錯了朋友之間的分際。就像咪將一樣，不僅把生活重心全部往朋友身上放，她竟然把閨蜜的義氣當成「理所當然的使喚」，而且完全沒站在對方的立場想。

有一類朋友，她不甘寂寞，她永遠需要舞台上的Spotlight打在身上，讓她覺得自己像個公主，朋友最好都圍繞著她打轉。有一類朋友，她無法消化情緒，而且還固執的把耳朵摀上，她負責丟出難過、悲傷跟憤怒，卻忘記跟朋友說句謝謝。

真正的閨蜜是你信任她，將心事和盤托出，而且知道對方絕對不會害你，所以她提出的建議，是有非常高的參考價值。真正的閨蜜是可以共享樂，更能將心比心共患難，而不是自私的一味索取。當你好、我好、大家好的時候，很難測量友情的堅固，但萬一大浪來襲，你發現所謂的閨蜜竟成了這種模樣，請你轉身離開，以及不要口出惡言，就是你送給她最後的禮物。

#情傷：看不見傷口的疾病。因為很痛，所以會哭、失眠、吃不下（但喝酒可以），痊癒時間要看各人抵抗力而異，醫生也幫不了忙。

閨蜜的話該聽嗎？請拒絕友情的情緒勒索！

史黛西最近心情超差，因為男友疑似劈腿，但兩人已經快要步入禮堂，現在這個婚到底要不要結？史黛西的閨蜜小玉每天強力洗腦，過度積極的幫史黛西下指導棋……

停看聽！注意閨蜜的情緒勒索

・**過度干涉別人的人生：**其實情緒勒索這件事，不是只存在於親人或伴侶間，朋友也很常用「我是為你好」來包裝情緒勒索。

「這種男人叫他快滾啦！雖然沒抓到證據，但能嫁嗎？」小玉怒道。

「可是……可是，我已經懷孕三週了……」史黛西小聲地說。

「我跟你說，很簡單，拿掉啦，一了百了！」
「可是……我真的很愛小孩！」
「拜託，小孩有這種爸爸不覺得丟人嗎？」
「但這是一條生命耶……」
「我跟你說，我這樣是『為你好』，聽我的就對了！」
史黛西沒說的是，懷疑男友出軌只是猜測，而且他們兩人還一起買了房子，就算分手也得把錢先算清楚，很多事情真的不是這麼簡單就能一刀兩斷，但面對小玉的「關心」，每天問她：「你去攤牌沒？」「要不要我陪你去婦產科？」史黛西覺得超有壓力。原來，小玉以前曾被劈腿，所以只要身邊姊妹的遭遇跟她稍稍類似，她就會情感轉移，不管事情原委就大力地Push人家分手，小玉不明白：「過度干涉別人的人生，就是勒索！」

- **不斷尋求朋友的肯定**：這種隨時需要他人肯定，甚至把閨蜜當成男友產生莫名的吃醋感，就是一種不健康的想法。

「為什麼最近都不跟我出去吃飯？是不是我哪裡讓你不開心了？」Wendy擔憂著傳了訊息給同學欣欣。

欣欣回傳：「沒啊，我最近忙著找新工作……」

Wendy：「你可以找我討論啊，為什麼你只跟姍姍講？」

欣欣：「那是因為姍姍有相關經驗，問她比較快啊！」

Wendy：「我好擔心是因為我哪裡惹到你，所以被你討厭了，我真的很在乎你，你是我最好的同學耶！」

看著這些訊息的欣欣，只覺得自己最近真的快忙死了，Wendy是否也太盧？而且她是在吃醋嗎？只因為多跟姍姍聊了幾句？欣欣滿頭的黑人問號。其實Wendy應該知道朋友即使親密，也是獨立個體。你體貼、善良、隨和，目的是希望「大家都愛你」，這只是用一種貼心當成包裝，其實心裡想要的叫做「交換」！只要我這麼做，我就能得到友誼、獲得重視，但這些對於朋友來說，卻叫做莫名的壓力！這樣的人際互動，會讓朋友間的相處越來越累，而且動不動產生的負面情緒，以及步步進逼的「盧小」，這種情緒勒索只會讓友情充滿負能量，終究產生裂痕。

- **用關心包裝實為炫耀：**有些人喜歡以一種「關懷弱勢」的角度，來幫助別人。

「你生日不是快到了？男友要送你什麼啊？你有沒有暗示一下？」Lisa一臉關心。

「都老夫老妻了，也就吃個飯啦！」小倩說。

「這樣不是便宜你男友了嗎？」

「平常他對我夠好了，我已經覺得很棒啦。」

「哪像我男朋友，平常忙得要死，都看不到人，所以我今年生日，他送我一個十六萬的香奈兒COCO包，大家都說根本是夢幻逸品，唉啊，這倒是還蠻搭配我的啦！」

搞半天Lisa不是真心關懷朋友，她只是想炫耀自己收到超貴的禮物而已。這是單純的物質炫耀，美其名是關心，實際上這只是以一種高高在上的態度，代表：「我很行，所以我來幫你」，這種出手相救並不是出於真心誠意，對方希望得到的是一種「被崇拜感」，隱藏了一種凸顯自我能力及高度的虛榮心。當你「被接受」幫助，大部分的人都是心懷感謝，但對方的意圖不是這麼單純時，這美其名的幫忙關心，卻會造成莫大的壓力，感覺我是不是欠你一個大人情，還是我非得做些什麼回報你？甚至還得拍馬逢迎大讚：「你好棒棒？」這種假關愛真炫耀的友誼，讓人真的寧願不要。

．**分黨結派根本超幼稚**：所謂的分派系是：「你跟誰那麼好幹嘛、你不知道他有多低級……」先透過說壞話，實則為拉攏自己派系的朋友，簡單說這就叫做「幼稚王」！「我跟你說，那個亞婷根本是個雙面人，一天到晚在外面勾引男生，在我們面前裝清純，記得少理她，不要跟她去吃飯啦！」妮妮跟閨蜜小穎咬耳朵，還透露大夥私下有一個LINE群組專門討論亞婷的豐功偉業，「晚點我把你加進去喔！」妮妮說。我們很要好，所以手牽手一起去廁所，那個誰誰誰真討厭，我們都不要跟他做朋友，這種小學生的行為，看似可笑，卻一直存在！即使我們都已經是大人了，幼稚王卻還沒有轉大人。如果幼稚王不喜歡的朋友，卻是你的朋友；不愛幼稚王的朋友，卻也是你的朋友，這可就事情大條了，幼稚王會怪你沒有「江湖道義」，怎麼沒有跟他同一國、一致砲口對外，還會以一種「你背叛我」的態度，展現出自己有多可憐：「我這樣對你好！你卻這樣對我？」顯然這類型的朋友被社會化的程度不足，總是活在自己的世界裡，這類的友情情緒勒索實在讓人無言。

如何面對情緒勒索的朋友？

首先，當對方正「發病」時，你應該停止跟他對話，因為繼續下去，只會陪著朋友掉入勒索陷阱，更讓自己徒增煩惱。第二，你要學會自我判斷，也就是說不要隨著對方的意見或想法起舞，因為人生是自己的，沒人有權利替你決定。

第三，當對方清醒時能有適當的溝通，該表達的意見、該講的話還是得說，表達自己的立場，不用覺得不好意思。第四，你要學會情緒不受影響，即使對方說一切都是為你好，或者講他多在乎你，不要因為一時的不好意思，而屈服對方的壓力，越是這樣你要越客觀。

有些友情、有些朋友，是無法強求的！面對情緒勒索的閨蜜，要學會拉出適當的距離，別委屈了自己！

#雙面人：金馬獎得主。通常演技一流，超會唬人，還有顛倒黑白的特技，一旦被人發現真面目，第一時間否認，接著殺人滅口。

重色輕友的閨蜜讓人超不爽！這其實叫做人性

美姬跟茱莉不僅是好友更是室友，在學生時代總是形影不離，出了社會以後又繼續住在一起，下班後也窩在一起聊八卦罵老闆，很有共患難的氛圍。

但美姬最近心情很不美麗，因為茱莉交男朋友了，沉浸在戀愛中的她，根本是有異性沒人性，常常約會到半夜才進家門，後來甚至還把男友帶回來過夜。美姬心裡的OS是：「拜託，茱莉你男朋友氣質很差耶，你怎麼吃得下去？」但美姬更受傷的是好朋友似乎不再需要她了，她有一種孤單、寂寞、覺得冷的悲涼感。

女孩是一種細緻敏感的動物，任何的小細節或是一句話，都足以讓她想很久，甚至「過不去」，以下有幾種閨蜜重色輕友時，很容易出現的小劇場，然後告訴你該如何面對或紓解。

她怎麼可以這樣對我？

其實重色輕友，叫做人性！女孩對人際交往這件事，很容易想得過於浪漫，心想我怎麼對你好，你就應該怎麼對我好，我們一起手牽手去上廁所，但你怎麼可以轉頭跟男人手牽手去上Motel？

因為你對閨蜜的定義搞錯了！閨蜜不是每天黏在一起、分享大小屁事就是閨蜜。閨蜜感情好，但與兩人的交集度不見得成正比，人生中朋友的確重要，但難道談戀愛不重要嗎？因此你的好友因為談戀愛而減少與你的互動，其實很正常啊！可以反問一下自己，當你談戀愛時都還能時時刻刻顧到閨蜜嗎？說實話真的有點難啊，所以閨蜜戀愛時就算消失一陣子，只要確定她還活跳跳，都應該幫她開心，因為代表她最近很好，沒有打電話來哭訴不是嗎？

就是看不順眼閨蜜的男友

關於看不順眼閨蜜男友的這件事，如果真的出現這種想法那可就好笑了！因為又不是你跟閨蜜的男朋友談戀愛啊，只要朋友自己喜歡就好了。但你可能會說：「可是那個男生真的不好、配不上她、花名在外……」以下省略八十七個不看好的理由。

大家都忘記了一件事，在愛情的世界裡，感覺是很主觀的，戀愛是當事人在談的，其他人其實無權當法官來宣判別人的愛情；萬一你真心覺得這男人爛透了，你可以提醒，而不是干涉。如果你跟閨蜜出去又看到對方男友也出席，因此感覺很痛苦，沒關係，那就減少跟他們一起碰面的機會，你該做的是找尋自己其他的生活重心，而不是一直糾結在別人的愛情世界裡。

閨蜜重色輕友，我好想斷交怎麼辦？

「為什麼我們這麼多年的友情，敵不過一個才認識幾個月的男生？」「為什麼你的開心都是因為男友，只有傷心時把我當垃圾桶？」如果你出現這些念頭，那就斷交吧！因為這代表你們兩個人之間的友誼其實很薄弱。

愛情跟友情的差別是什麼？愛情其實比友情更不穩定，所以當人渴望愛情關係穩固時，就會付出更多的時間與精神去維繫，而友情是之前已經打過底子了，如果你們又是所謂的閨蜜，一般人都會覺得一段時間不聯繫也還好。以及好姐妹間不就是彼此最堅強的後盾嗎？當朋友心情低潮時幫她打開心扉，當她難過時陪她走過烏雲密布，當然這一切都建立在一開始大夥兒對於這段友情的投資程度。

在面臨愛情與友情的爭奪戰，真正的閨蜜到底是什麼？就是過了十年之後，兩人可以笑談當年怎麼會跟這種男人上演比本土劇還荒謬的戲碼，然後一起大呼：「好險現在我們都很幸福！」

#垃圾桶：雙關語。通常人型垃圾桶比較悽慘，不僅需要裝情緒廚餘，還得高乘載負能量，沒有極強的心理素質切勿兼差。

閨蜜照三餐問候我的感情生活，杜絕被八卦請從自己做起

「快說快說，你們昨天約會有沒有什麼刺激的啊？」小貓整個很high。

「唉啊，就去吃頓飯，然後看了午夜場電影就回家啦！」雨晴說。

「你們不是去看《格雷的五十道陰影》二輪片，這電影超挑逗的耶！」小貓邊說邊挑眉。

「吼，就沒怎樣，你會不會想太多？對了，等下我們去吃什麼啦？」雨晴趕快轉移話題，因為她不想說出昨夜是回家了，只不過是回男友的家。

「等下你們要去哪？」「你們出去，他會幫你提包包嗎？」「星期六要一起下午茶嗎？還是你要約會？」「你快生日了，他要送你什麼禮物？」「欸欸，你們現在到底到幾壘了？」

自從雨晴戀愛後，小貓根本照三餐在關心好友的戀情，只差沒叫雨晴開直播現場接受網友問答，而且小貓很熱心，還會把雨晴的戀愛進度，在朋友圈裡詳細交待，大家都超有參與感。

雨晴雖然覺得小貓有點煩，但大家都是好朋友，「要是我什麼都不說，好像也太過分，畢竟她也是關心我……」「可是小貓真的好八卦，我跟她講的很多都是祕密耶，她怎麼可以說出去？」如果你也有類似雨晴的困擾，請你快快檢視，是不是犯了以下的錯誤。

即使是閨蜜，有些事情不該說！

女生很喜歡把所有身邊的人事物，都跟男友鉅細靡遺地講到滿，但請千萬注意一點，你和你朋友之間的事情，可以告訴你的戀人；但你和戀人之間的一些很關鍵的事情，就不用亂說給朋友聽。

選擇不說，或是只說部分，不代表你背叛了友情，這是何解？簡單說這叫「保護自己」，如果是閨蜜，理論上當然不會故意傷害你，但卻很可能因為無心之失把不該說的說出去了，比方：你的上床進度、你的上床細節，或者是你在戀愛中的暗黑面……隱私之所以叫隱私，就是不宜高聲喧嘩，很多事情一旦開口自己傳播出去，就要有被曝光的心理準備，因為沒有人真的有義務幫你保守祕密，我們只能管自己嘴巴，而不是別人的。

明明不是這樣！她為什麼亂說？

很多善良的女孩會覺得很受傷，我把祕密跟閨蜜講，但她怎麼會說出去，還根本不是真實的！但八卦之所以叫八卦，正因為往往不是真相，而是被加油添醋後的光怪陸離，因而引發討論，劇情越滾越離譜。

這時候除了回頭管住自己的嘴，更重要的叫做建立「防火牆」，你以為的閨蜜，其實是你的眼睛業障重！女孩太容易喜歡用分享祕密，作為鞏固友誼的方式。沒有想到很多時候只是一廂情願地掏心掏肺，連底牌都亮光光，但對方不見得真心交換，一旦發現閨蜜竟然做出亂洩密、亂八卦，甚至造謠生事，請放下你的困惑、質疑或憤怒，不需要搖對方的肩膀，質問：「你怎麼這樣對我？」最該做的就是馬上轉身，從此生死兩茫茫。

演藝圈的明星談戀愛，都會被媒體公諸於世，甚至捕風捉影自己腦補，仔細想想也挺可憐的，而我們不是名人，**談戀愛單純一點比較好，有多幸福、有多難過，自己最明瞭就好。因為，你沒有說的義務，也別給人說三道四的權利。**

好友為何這樣傷害我？善良的你該看透的事

依琳個性善良，總是願意幫助朋友，但是她最近很傷心，因為她發現好朋友小玉，竟然在朋友圈裡說著她的壞話！

「我真的好難過，你知道我一直對她很好，她做事出包時我都偷偷幫她Cover，但她為什麼要在背後說我壞話？」依琳邊說邊擦眼淚。

「她說你什麼呢？」我問道。

「她去跟我另一位好朋友A抱怨，說我講話又直，又說我超不會打扮，跟我一起吃飯都覺得很丟臉，竟然還叫A離我遠一點！」依琳越說越小聲。

「她只批評你嗎？」我繼續問。

「其實小玉很愛在背後說人壞

話，之前她也跟我罵A，但我也只是聽聽，想說她這個人就是很愛碎碎念啊……」依琳解釋。

「你自己都知道了啊，小玉這個人就是有『愛批評』的毛病，不去搧風點火一下她很難過的。」我說。

「可是，我對她這麼好，我以為她不會這樣說我的！沒想到被好朋友背後說壞話，這麼傷人，難道是我哪裡做得不夠好嗎？」依琳哽咽的泣訴……

來來來，朋友之間難免發生這種事：「我對你這麼好，你怎麼會這樣對我？」其實有四個說起來殘忍卻很現實的觀念，是你自己沒搞懂，我來幫大家突破盲腸，解決心中之痛！

參透四觀點，不再為友情所困

・**你不獨特**：我們都希望自己在好朋友的心裡是獨特的，如同你也是這樣對他！但我必須殘忍地說「你並不獨特！」友情不一定是付出多少，就能得到對等的待遇，說句現實話，你自己要對他好，一旦覺得不值得時，最受傷的絕對是自己，所以當閨蜜做出傷人的行為時，代表她沒有關心你會有什麼感受！

• **本性難移**：接下來請認清，江山易改本性難移！正所謂狗改不了吃屎，如同小玉就是有說人壞話的習慣，要怎麼要求他為了你而改變？這真的是非常為難人的事啊！所以當你糾結於閨蜜怎麼這樣對我的情緒時，請先回想一下，她的本性為何？會做出這些行為，可能就不覺得奇怪了！

• **走遠就好**：朋友這樣對你，通常會覺得好受傷的人，都是很善良的人。所以報復他？你不會！去反擊？你不想！但我們都懂，那口氣、這種難過，想要消化真的很難。沒關係，越是這種時候，更不需要做任何回應，只需要走開、走遠就好，就當成認清一個人！善良的你，不要獨自承擔難過，何苦懲罰自己？情緒很珍貴，真的不需要浪費在這種人身上，只要走遠就好，因為能保護自己的，只有自己了。

• **真心無價**：「善良是美德，真心更無價」，但千萬不要隨便掏心掏肺！不是要你對人不好，而是在你無私付出前，要嘛就先觀察對方，要嘛就不要一口氣做到一百分，很多好友情誼數十年，說翻臉就翻臉的也一堆。萬一真的碰到這種鳥事，認賠殺出一點都不可惜，**友情就像列車，有人上車也會有人下車，人來人去**

皆是常態，放寬心就好。

謹記，善良的你，這個時候千萬不要檢討自己。還有，當友情的保存期限到了，一旦變質就無需勉強……這時請安靜、轉身、離開，你會發現，心都變輕了！

#**翻臉**：一種改變，破壞和平的狀態。包括情侶、親人、朋友、職場皆可能發生，通常翻臉當事者臉上會印有「不在乎」三個大字，認真的人就輸了。

為什麼閨蜜讓我覺得累？
大家都在瘋的減法人生，你還不學嗎？

宜寧是朋友圈的開心果，她人緣超好，因為宜寧很敢聊八卦，舉凡誰分手、誰又劈腿了，還是哪個女生釣上了高富帥，宜寧總是瞭若指掌，因此每次聚會大家都會圍著她聽朋友圈的「祕辛」，你一言我一句，現場一點冷場都沒有。

而君君是宜寧的閨蜜，打從高中就是死黨，出社會後見面機會變少，君君也越來越覺得跟宜寧有距離，因為宜寧立志要當個人氣王，她希望所有的人都愛她，因此她便把自己的專長說三道四發揮到極致，殊不知大家圍著她只是湊熱鬧，而不是真心要跟她交朋友。但是宜寧的生活真的很充實，總是有聊不完的LINE，就連臉書上的貼文都會有一堆讚，君君默默地看著這一切，心中出現很多問號。

朋友多，代表什麼？

有天，宜寧發生一場車禍，腿撞斷了被送去急診，因為家人都不在台灣，宜寧打了好幾通電話找這些天天聊天碎嘴的好友們幫忙，沒想到大家都推說：「啊，不好意思，我正在忙，有空我去醫院看你喔！」「什麼？這麼嚴重，你還好嗎？」但就沒有一個人放下手邊的事衝到醫院來，最後竟然是君君來了。她看到宜寧如此感到很難過，一方面是好友受傷了，另一方面是看到宜寧身邊這群好友，竟然都見死不救，她替宜寧感到不值。而宜寧住院的日子裡是君君幫忙找了看護，她下班後還來陪床，兩人好久沒有這麼聊天話家常。

「你有沒有覺得，小穎跟芷榆有點『那個』，你打電話給她們說你在急診，但是他們竟然無動於衷？」君君說得小心，就怕傷了好友的心。

「我知道她們忙，不能來就算了，這不是有你嗎？」宜寧說得輕巧。

「但是你們平常這麼好，天天都在聊天，你最需要朋友的時候，為什麼他們不能伸出援手？而且都住院好多天了，他們都沒來探個病。」君君說。她看得出來，宜寧的臉上出現了一絲落寞，病房的空氣瞬間有一點冷。一週後，宜寧終於出院回家休養，她特別跟君君道謝，還說這段住院期間，她想了很多事，關於朋友這件事……

「你是悟出什麼道理了嗎？」君君問。

「住院時我在想，小穎、芷榆那群朋友，我還要不要？」宜寧說。

君君以為宜寧終於認清楚什麼是朋友，接著宜寧又開口。

「我想清楚了，我還是要跟他們當朋友，畢竟跟她們聊天好熱鬧，日子比較不無聊，反正有事救命，我找你就好啦！」宜寧一臉突破盲腸的樣子。

這時君君終於「切心」了，因為她發現，朋友要能走得下去，價值觀很重要，宜寧對朋友的定義，她實在不能接受，所以她決定要默默遠離宜寧……

Less is More的減法智慧

英文有句話叫Less is More，為什麼「減去了反而是增加」？簡單說要懂得學會「減法人生」，當我們年紀越長、剩下時間越少，時間是一去不復返，你要學的人生功課是該知道哪些東西「我不要」！我們很容易有慾望，比如想要很多朋友、被很多人愛、走去哪都受歡迎……但隨著年歲漸長，這些東西真的對人生有幫助嗎？不如早早知道我不要什麼更實際！

當你減去了很多不需要的，包括無形的慾望、負擔、情緒或者有形的物質，甚至是人，你會突然發現，人生清爽許多。一天只有二十四小時，在有限的時間裡，可以做真的重要的事、關心真的值得陪伴的人，不要讓不值得的人事物或情緒，產生了排擠效應，最後讓自己後悔。

學習減法人生的過程，可能會迷惘、不知所措，但這種人生功課，越早學會，收穫越大。就如同君君最後決定跟這個閨蜜說再見，她才真的體悟到「Less is More」是真的！真正的朋友一定會越來越少，因為走著走著大家的方向不一樣了，個性變得不合、價值觀有落差，不是總是一起吃喝玩樂、瘋狂聊天的就是好姊妹，能共患難的才值得珍惜，而這跟平常見多少面，或者是身分地位一點關係都沒有。

當你與昔日閨蜜分道揚鑣，你該記得，不用在乎失去了誰，而是珍惜剩下的是誰。因為朋友是挑選的，不是蒐集。

暢玩，女孩專屬之旅

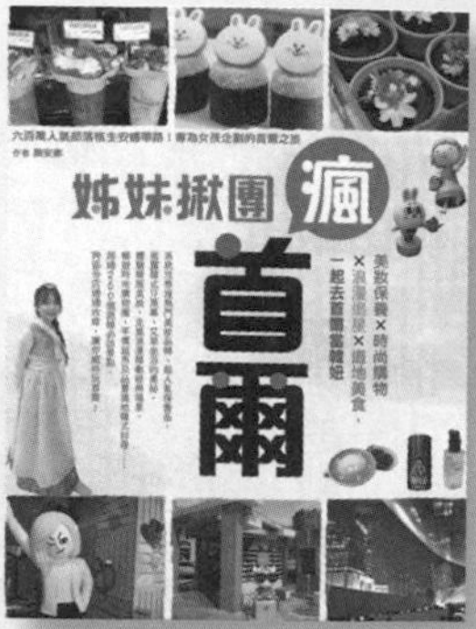

姊妹揪團瘋首爾：

美妝保養 × 時尚購物 × 浪漫追星 × 道地美食，一起去首爾當韓妞

作者：顏安娜／定價：360 元

百萬人氣部落格主安娜帶路，讓你一手掌握韓妞最愛的魅力景點！系統性整理美妝保養品牌、結合韓巢地圖，掃描 QR code 輕鬆就到、分區導覽，蒐羅各地超過 250 個人氣景點、五天四夜追韓劇，懶人包行程滿足你的追星需求！

姊妹揪團瘋釜山：

地鐵暢遊 × 道地美食 × 購物攻略 × 打卡聖地，延伸暢遊新興旅遊勝地大邱

作者：顏安娜、高小琪／定價：360 元

繼《姊妹揪團瘋首爾》好評，再推新作，為女孩打造，帶你玩出最精采的釜山！結合韓巢地圖，掃描 QR code 輕鬆達到目的地，路痴再也不用怕；熱門美食附上中韓對照，不懂韓文也能吃透透，開心玩遍釜山與大邱！

女孩們的東京漫步地圖

作者：沈星曨／定價：240 元

在東京街巷，尋訪內行人才知道的五十處風格店鋪。感受不同的生活溫度，文具與器皿、雜貨與書、美食咖啡……旅行，可以很日常，用很日常的心，去旅行！邀你一同踏上這趟東京文創之旅。

東京．裏風景 深旅行：

19 條私旅路線，218 個風格小店，大滿足的旅程！！

作者：羅恩靜、李荷娜／譯者：韓曉臻
定價：380 元

2 個在東京工作的女生，以不同於日本當地人的觀點，帶著讀者遊逛個性十足、充滿魅力的東京。19 條私旅路線，218 個風格小店，不論是書店、咖啡館、雜貨鋪……總有令人會心一笑的小驚喜，讓你忍不住讚嘆道：「啊！這就是東京！」

暖心，找尋新方向

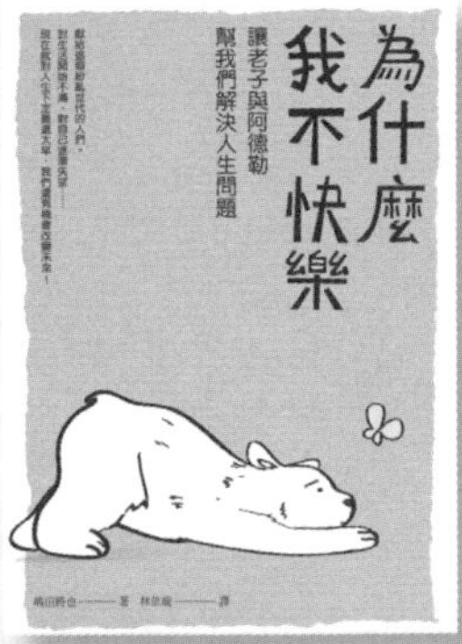

為什麼我不快樂：讓老子與阿德勒幫我們解決人生問題

作者：嶋田將也／譯者：林依璇

定價：260 元

獻給這個紛亂世代的人們。對生活開始不滿、對自己逐漸失望……現在就對人生下定義還太早，我們還有機會改變未來！讓阿德勒的被討厭的勇氣，以及老子的無為而治，為我們困頓的人生找到解答！

冥想：每天，留 3 分鐘給自己

作者：克里斯多夫 · 安德烈（Christophe André）

譯者：彭小芬／定價：340 元

你是否睡得不好？做任何事都提不起勁？心靈療癒大師也是精神科醫師一克里斯多夫 · 安德烈教你每天只要 3 分鐘，運用 40 個冥想練習，體驗自己內在的轉變，你會發現，生活將變得更自在開闊了！

偶爾也需要強烈的孤獨：其實，你可以這樣生活

作者：金珽運／譯者：黃筱筠

定價：465 元

中年大叔的真情告白：既然寂寞免不了，還是孤獨好。拋棄「抽象的安慰」，丟掉「逞強的勇氣」，面對崩壞的自己，只有熟悉孤獨，才不孤獨。

解憂咖啡館：不冷不熱，溫的，剛剛好

作者：温秉錞／定價：340 元

咖啡的溫度，也是人性的溫度。有一家咖啡館老闆，總會在每日的外帶杯上，留下一句充滿溫度的句子。希望每一位來到店裡的人，在品嘗咖啡之餘，也能得到心靈上的力量。這裡不只賣咖啡，還有撫慰人心的語錄。

寫給善良的你

作者 吳凱莉
編輯 吳嘉芬
校對 吳嘉芬、徐詩淵
封面設計 黃珮瑜
美術設計 唯翔工作室

發行人 程顯灝
總編輯 呂增娣
主編 翁瑞祐、徐詩淵
資深編輯 鄭婷尹
編輯 吳嘉芬、林憶欣
美術主編 劉錦堂
美術編輯 曹文甄、黃珮瑜
行銷總監 呂增慧
資深行銷 謝儀方、吳孟蓉

發行部 侯莉莉
財務部 許麗娟、陳美齡
印務 許丁財
出版者 四塊玉文創有限公司

總代理 三友圖書有限公司
地址 一〇六台北市大安區安和路二段二一三號四樓
電話 (02) 2377-4155
傳真 (02) 2377-4355
E-mail service@sanyau.com.tw
郵政劃撥 05844889 三友圖書有限公司

總經銷 大和書報圖書股份有限公司
地址 新北市新莊區五工五路二號
電話 (02) 8990-2588
傳真 (02) 2299-7900

製版印刷 卡樂彩色製版印刷有限公司
初版 二〇一八年六月
定價 新台幣三〇〇元
ISBN 978-957-8587-27-4（平裝）

國家圖書館出版品預行編目(CIP)資料

寫給善良的你 / 吳凱莉作. -- 初版. -- 臺北市 : 四塊玉文創, 2018.06
面； 公分

ISBN 978-957-8587-27-4 (平裝)

1.戀愛 2.兩性關係

544.37 107007960

SANYAU
http://www.ju-zi.com.tw
三友圖書
友直 友諒 友多聞

【黏貼處】對折後寄回，謝謝。

親愛的讀者：
感謝您購買《寫給善良的你》一書，為感謝您對本書的支持與愛護，只要填妥本回函，並寄回本社，即可成為三友圖書會員，將定期提供新書資訊及各種優惠給您。

姓名＿＿＿＿＿＿＿＿＿＿ 出生年月日＿＿＿＿＿＿＿＿＿＿
電話＿＿＿＿＿＿＿＿＿＿ E-mail＿＿＿＿＿＿＿＿＿＿
通訊地址＿＿＿＿＿＿＿＿＿＿
臉書帳號＿＿＿＿＿＿＿＿＿＿
部落格名稱＿＿＿＿＿＿＿＿＿＿

1 年齡
□18歲以下 □19歲～25歲 □26歲～35歲 □36歲～45歲 □46歲～55歲
□56歲～65歲 □66歲～75歲 □76歲～85歲 □86歲以上

2 職業
□軍公教 □工 □商 □自由業 □服務業 □農林漁牧業 □家管 □學生
□其他＿＿＿＿＿＿＿＿

3 您從何處購得本書？
□博客來 □金石堂網書 □讀冊 □誠品網書 □其他＿＿＿＿＿＿
□實體書店＿＿＿＿＿＿

4 您從何處得知本書？
□博客來 □金石堂網書 □讀冊 □誠品網書 □其他＿＿＿＿＿＿
□實體書店＿＿＿＿＿＿ □FB（三友圖書－微胖男女編輯社）
□好好刊（雙月刊） □朋友推薦 □廣播媒體

5 您購買本書的因素有哪些？（可複選）
□作者 □內容 □圖片 □版面編排 □其他＿＿＿＿＿＿

6 您覺得本書的封面設計如何？
□非常滿意 □滿意 □普通 □很差 □其他＿＿＿＿＿＿

7 非常感謝您購買此書，您還對哪些主題有興趣？（可複選）
□中西食譜 □點心烘焙 □飲品類 □旅遊 □養生保健 □瘦身美妝 □手作 □寵物
□商業理財 □心靈療癒 □小說 □其他＿＿＿＿＿＿

8 您每個月的購書預算為多少金額？
□1,000元以下 □1,001～2,000元 □2,001～3,000元 □3,001～4,000元
□4,001～5,000元 □5,001元以上

9 若出版的書籍搭配贈品活動，您比較喜歡哪一類型的贈品？（可選2種）
□食品調味類 □鍋具類 □家電用品類 □書籍類 □生活用品類 □DIY手作類
□交通票券類 □展演活動票券類 □其他＿＿＿＿＿＿

10 您認為本書尚需改進之處？以及對我們的意見？
＿＿＿＿＿＿＿＿＿＿

感謝您的填寫，
您寶貴的建議是我們進步的動力！

【黏貼處】對折後寄回，謝謝。